コロナ禍を生きる大学生

留学中のパンデミック経験を語り合う

北野真帆・内藤直樹 編

昭和堂

はじめに　ふるえながら、書く
——学生の視点からパンデミック体験を語ること

「想定外の事態」からの学び

本書は、新型コロナウイルス感染症の流行がはじまった二〇一九年一二月から二〇二〇年三月末までの期間に留学していた学生の体験を綴った論集である。そこに収められているのは、未曾有の危機的状況における混乱、不安、迷い、悲しみ、怒りのなかでの個々の留学生による思考と感情と行動の記録であり、ピンチを切り抜けた体験を披露するサクセスストーリーではない。それどころか、留学中に巻きこまれる可能性がある事故、犯罪、紛争・テロ、災害等のリスクに対処する能力を向上させるために直接役立つものですらないかもしれない。それでも私は、新型コロナウイルス感染症という新たな病気が出現して日々刻々と拡大・深刻化し、世界中の人びとが進行している現象について曖昧にしか把握できていなかった時期に留学していた学生たちによる決断の過程を比較することには、私的な日記以上の意味があると考えた。それは、「正しい対処方法」についての知見を誰ももっていない状況の中で、さまざまな手段を駆使しながら、なるべく妥当な判断を試みて、それを実行する過程で重要な態度やかまえについての学びを得ることである。

私自身は、イタリア全土に移動制限令が発令された翌日に帰国した。帰国の数日前まで、滞在先の農場にあるチーズ工房でフィールドワークをしていた。私の目から見れば、新型コロナウイルス感染症は当初、パンデミック（世界的大流行）ではなかった。私がケニアに滞在していた二〇一九年冬の段階では「中国南部で流行する感染症」だと考えていたし、二〇二〇年二月中旬の段階でも「イタリア北部で地域的な流行が始まった」という認識だった。その頃、私が滞在していた南部のサルディーニャ島には感染者がほとんど確認されていなかった。

ところが二〇二〇年三月初旬になると、イタリア国内での新型コロナウイルス感染者数の増加や流行地域の拡大によって、急速に移動が制限されるようになった。帰国日には、イタリア発の航空便のキャンセルが相次いでいたため、搭乗予定の便が本当に運航されるのか、内臓をギュッと掴まれるような緊張感をずっと感じていた。それと同時に、欠航時の代替案を考えながら搭乗までの時間を過ごしていたことを鮮明に覚えている。それは、周りの状況がすさまじいスピードで変化していき、明日さえどうなるのか分からないという状況に遭遇した初めての経験だった。この経験によって「想定外」の事態は、自分の身にも降りかかることを痛感した。そして、自分と同じような状況にあった留学生たちは、それぞれの国や地域における新型コロナウイルス感染症の拡大という想定外の事態にどのように対応したのか聞いてみたくなった。

ＷＨＯのテドロス事務局長は、二〇二〇年三月一一日の会見で、欧米等で急速に感染が拡大していた新型コロナウイルスが「パンデミック」になったという認識を示した。それから一年以上たった二〇二一年一一月現在、パンデミックは収束していないが、留学は少しずつ再開されはじめている。世界中が新型コロナウイルスの影響から逃れられなくなるに至った特殊な時期の体験を、私的な出来事として心にとどめておくだけでなく、次に想定外の事態に遭遇したとき活かすことができる学びとして積極的に考えたいと思うに至った。

この時（二〇二〇年三月）、私が所属する徳島大学総合科学部地域創生コース内藤研究室（文化人類学）では、数名が海外に渡航していた。そして、全員が帰国までに外出制限の発令や飛行機のキャンセルなど、新型コロナウイルス感染症拡大の影響を何らかの形で受けていた。そのため、全員が帰国した時にコロナ禍での留学撤退についての振り返りを行う機会があった。他のゼミ生の体験を聞いた時に、新型コロナウイルスによるパンデミックに翻弄されている点は同じだが、それぞれの経験がじつに多様であることに気づかされた。ここから、私たち大学生がどのようにパンデミックを経験しているのかについての比較をおこなうことに興味をもった。

パンデミックのノイズ

私がさまざまな留学生のパンデミック体験を集めるに至ったもうひとつのきっかけは、帰国後に授業の遠隔化等をめぐって所属大学とおこなったやりとりの中で「学生が意見を言っても相手にされない」と感じただけでなく、まわりの大学生から「声を上げる人間をよしとしない」ような同調圧力を感じた経験である。帰国後は日本でも新型コロナウイルス感染症の拡大が懸念され、賛否はあるが感染対策としてオンライン授業を導入する大学が増えていた。だが、自身が通う大学では二〇二〇年度に遠隔授業が導入されないように見えたので、対応を求める声をあげた。大学という大きな組織に対して、そこに所属する学生の立場で意見をするのは非常に恐ろしく、緊張で手汗が止まらないなか、ネットで署名活動をおこなった。賛同してくれる学生もいたが、「大学に意見するのは怖い（からやりたくない）」、「大学だってこの緊急事態に対応するに当たって忙しいのに意見をしたらかわいそう（だからやめたほうがいい）」、「仲間内ではオンライン講義の対応を拡充してほしいと話に出るが、声を上げるまではめんどくさい（からやらない）」という反応が多かった。こうした環境の中で、ひとりで騒いでいる気分になった私は「意見をオープンに主張することは、そんなにいけないことなのか」と鬱々とした。署名者が一〇〇名を超えた頃、大学に対して意見を述べるメールを書いたが、現在に至るまでお返事をいただいていない。結局、うまく世渡りをするためには「おとなしくしておくこと」が一番なのかと脱力した。このように「いい子でいること」によって声を奪われることや、そのことに疑問を持たないことに対する違和感が、本書の執筆に向かって私を突き動かす原動力になった。

私は留学時にお世話になった文部科学省トビタテ！留学JAPANという官民協働の海外留学支援制度OB・OGの学生が参加しているFacebookコミュニティで、コロナ禍の留学撤退体験を共有してくれる仲間を集めることにした。このコミュニティには自分の意見や考えを堂々と発信できる人が多いという印象を持っていた。たとえば新型コロナウイルス感染症の拡大によって奨学金の支援が中止になった際には、撤回を求める署名活動を組織する学生がいて、活発なやりとりがおこなわれていた（11章）。そのため、今回のコロナ禍での留学撤退体験についても関心を示してくれる方が多いのではと考えていた。

そんな淡い期待を胸に、そのFacebookコミュニティで留学撤退体験記を書いてくれる方を募集したところ、二名が手を挙げてくれた。コロナ禍での留学を経験していないが、企画趣旨に賛同してくれた留学OB・OGもいた。だが、二〇一九年冬から二〇二〇年にかけて進行した新型コロナウイルス感染症のパンデミック状況が出現した時期に、異郷の地で留学の撤退か継続かについての決断をおこなったトビタテ生からは、思ったほどレスポンスがなかった。

かわりに数名から「自身の経験を〈自分の言葉で書き残す〉ということがハードルになっているのではないか？」、だから「アンケート調査のような形にすると数が集まるのでは」というご意見をいただいた。また、「コロナ体験記を集めてどんな意味があるのか？」という質問や、「無知な学生が危機管理について発言するのは危険ではないか？」といった反応も多かった。あるときには「経験の少ない学生の経験を集めて公表することに意味があるのか？　そこから何について考えることができるのか？　むしろ間違ったメッセージを発信してしまうことになるのではないか？」という指摘をうけた。つまり、私たちのように、たまたま新型コロナウイルス感染症の影響をうけた学生の断片的な経験を集めても、普遍的で明確なリスクマネジメントの方法はできないという主張である。「なるほど」と思った。

他方で、私が参加していたTOMODACHI MetLife Women's Leadership Program 2018-2019という留学プログラムの卒業生に話をしてみると、ポジティブな関心をもってくれた。彼女たちは、パンデミックに翻弄されながら帰国し、日本での大学生活や就職活動などの将来設計の立て直しを図ろうともがいていた。そして、コロナ以前の日常からパンデミックに至る想定外の事態のなかでの留学先における生活の変化や帰国までのプロセスを消化できないまま、それでも前に進まなければというモヤモヤを抱えていた。それゆえ、どうにかして自分たちの体験を「学び」として昇華させたいという気持ちが強かった。これこそが、わたしたちがこの「無謀な」企画を進める上での推進力になった。私が参加した別の留学プログラム（内閣府世界青年の船事業）でのつながりからも、企画に参加したいという人を見つけることができた。彼女たちとパンデミックになりつつある状況における留学先や帰国後の生活についての雑談をするなかで、これまでの体験を「どうにか学びとして昇華したい」という気持ちが強くなった。なにより、どうなるかわからない、正解がわからないなかに一緒にとびこんでくれたのが嬉しかった。

そこから、各々が所属する大学で留学していた学生に対して呼びかけてもらい、一四名が集まった。この時点で男性は二人いたが、最終的に執筆にまで至った一一名の学生は全員女性だった。

留学生たちとのやりとりのなかで、学生が留学先で安全を確保するために、葛藤しながらも新型コロナウイルスを含むさまざまなアクターと交渉する過程そのものを資料として記録しておく必要性を強く認識した。そこからは、学生が滞在していた国や地域における当時のコロナ事情を知ることができる。それだけではなく、パンデミックという想定外の事態に遭遇した際に留学生がどのようなことを困難に感じ、何に不安を感じ、どのように行動したのかについての当事者の視点を知ることができる。それは「正解」か「不正解」かという評価とは別様の価値をもつ、その当時の留学生の価値観や行動にせまることができる資料である。

一緒にその問題にタックルしてみるという面白さ

しかし、ただ学生の体験を並べても、そこから学びを得ることは難しい。私たちには自分たちの体験を振り返る方法についてのスキルが乏しく、一緒に取り組んでもらう存在が必要だと考えた。そして、「正解はひとつではない」という考え方に慣れている存在として、異文化における長期のフィールドワーク経験が豊富な文化人類学者のみなさんに参加していただきたいと考えるようになった。

私たちは、この企画に参加した仲間や先生方と、海外留学での危機管理に関する唯一の正解や必勝法を探そうとしたのではない。「良い／悪い」、「正しい／間違っている」といった価値基準を一度横に置いて、パンデミックになる過程でわたしたち留学生がいかに考え、どのように対応したのかというプロセスを見つめることを大切にした。たとえば、わたしたち学生が留学からの撤退についての決断をおこなう際には、本人だけではなくホストファミリー・現地の知人・友人、日本にいる家族、大学の指導教員や事務職員、大使館、学生支援団体などの様々なアクターとの交渉が不可欠だった。その意味では、学生が留学からの撤退を決断するにせよ、滞在継続を決断するにせよ、そこに厳密な意

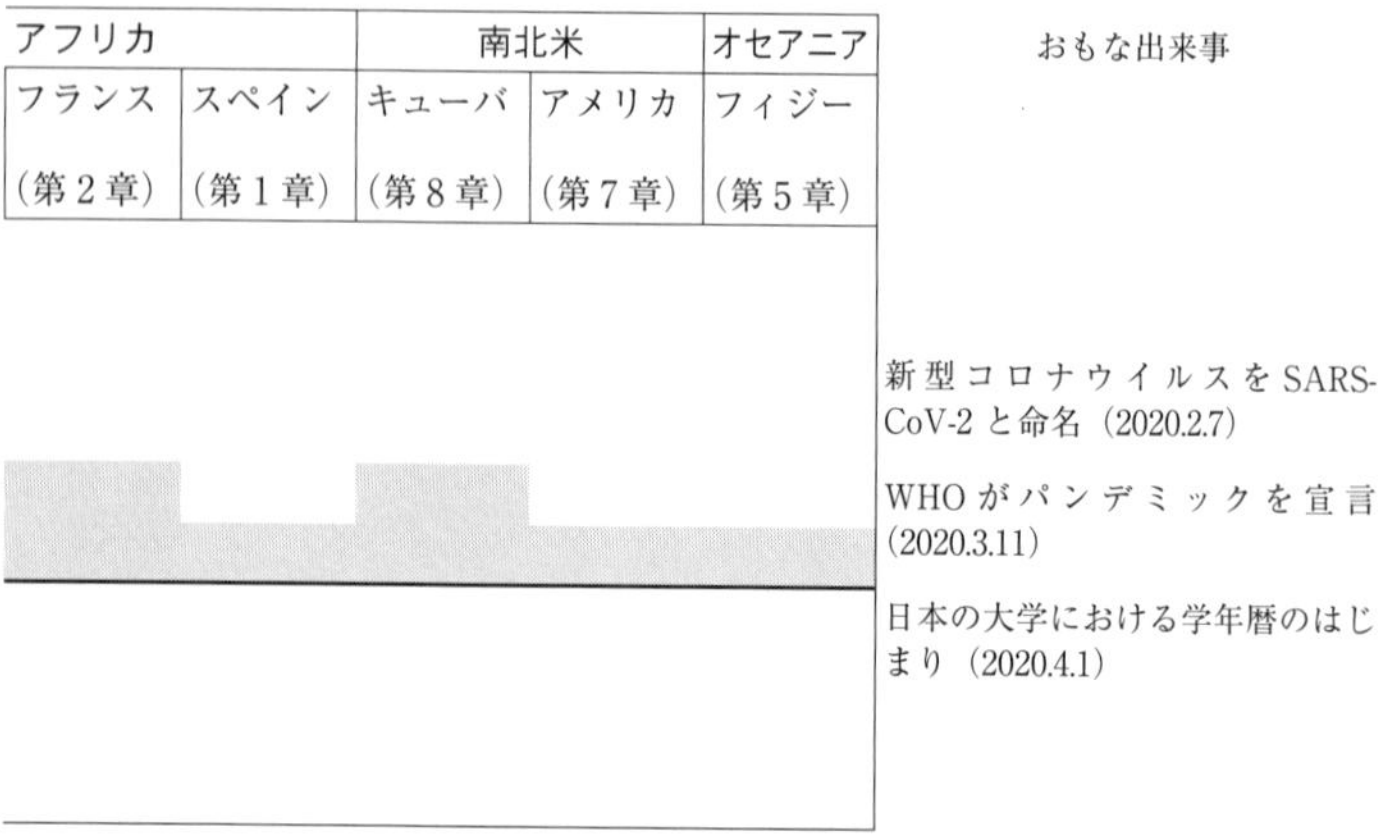

アフリカ		南北米		オセアニア	おもな出来事
フランス	スペイン	キューバ	アメリカ	フィジー	
（第2章）	（第1章）	（第8章）	（第7章）	（第5章）	

新型コロナウイルスを SARS-CoV-2 と命名（2020.2.7）

WHO がパンデミックを宣言（2020.3.11）

日本の大学における学年暦のはじまり（2020.4.1）

味での「自己決定」というものは無い。

そのような決断をせまられる渦中にいるときの緊張感は計り知れない。それだけでなく自分の体験を自分の言葉で素直に書き出すことにも葛藤があった。私たちは「自分の体験は人に話す価値があるのか」というためらいを抱きながらも、自身の体験と真摯に向き合いながら体験記を執筆した。私の場合は、自分の経験やそのとき感じていた思いや考えを文字に起こすことに対する恐怖心やなんともいえない緊張感で押し潰されそうになりながら、なんとか書き切った。それは、この文章を書いている今も同じである。だが、自分で感じた違和感やモヤモヤをひとりで抱えることなく、皆で持ち寄って共有することによって、私はプロジェクトを進める勇気をもらうことができた。今回参加してくれた留学生の皆さんは、自身の体験を語ることで、降りかかった出来事を「学び」として昇華するということに面白さを感じながら書き切ってくれた。そして、ご多忙ななかサポートしてくださった文化人類学者のみなさんが、

地域		アジア			欧州・		
国 (章)		マレーシア (第9章)	バングラデシュ (第6章)	モンゴル (第4章)	スウェーデン (第11章)	イタリア／ケニア (第10章)	クロアチア (第3章)
新型コロナウイルス感染症の流行が留学に影響した時期	1月						
	2月						
	3月						
	4月						
	5月以降						

わたしたちの経験を受け入れてくださったおかげで、自分たちの経験を振り返ることができた。そうすることで得られたのは、「わたしの学び」というよりも、「わたしたちの学び」であった。

　私を含めて今回執筆した学生はみな、自分の意見をいつでもはっきり述べられる「強い」人間ではない。だから、自分たちの経験や思いを、いい部分と悪い部分のすべてを含めて書くことの怖さに押しつぶされそうになっていた。その恐怖となんとかつきあうと同時に、自身の体験を学びに昇華する過程に面白さを感じながら、時には震える手でキーボードを叩いて言葉をしぼりだした。手が震えながらもキーボードを叩き続けることが出来たのは、新型コロナウイルス感染症の拡大によって、それ以前の当たり前が崩れていく過程で学びや生活を続けていく上での「かまえ」について、多くの人びとと経験を共有するためである。各章で綴られている、さまざまな国や地域における葛藤や決断の経験に目を通して欲しい。そこには「正解」はないかもしれないが、未知の状況に対処する際の「かまえ」にはある種の共通性が見いだせる。その「かまえ」を読者のみなさんと共有できれば、望外の喜びである。

自分の意見を伝える、書くことに対していつも怯えている私が、絶えず弱気になりながらもなんとかこの企画を続けてこられたのは、見ず知らずのわたしの呼びかけに最初に応えてくれた濱岡さんの存在がとても大きかった。冷静でいながら、自分の中から湧き上がってくるどんな感情や思いも一旦自分で受け止めて大切にする姿勢に、私も突き動かされた。そして、集まったメンバー全員のおかげで今日、私たちの「声」が世界に共有されることにあらためて感謝したい。また、文化人類学者のみなさんからは、自分の経験を公共的な学びとして書き記し、共有するためのスキルや考え方を実地で学んだ。最後に、パンデミックになるなかでの帰国や日本での学生生活の再スタートの過程を自分たちなりに反芻したいという思いを、「とりあえず聞いてみよう」と軽やかにうけとめてくださった内藤先生に感謝を伝えたい。

北野真帆

コロナ禍を生きる大学生——留学中のパンデミック経験を語り合う

目次

第Ⅰ部

コロナ禍の留学を書く

学生による体験記

1章　日常から非日常へ

【スペイン】

諏訪未来

スペインへの語学留学

私は二〇一九年一〇月から二〇二〇年三月一五日まで、私費留学でスペインのサラマンカにある語学学校に通った。サラマンカはカスティーリャ・イ・レオン州サラマンカ県の中心で、マドリードから特急電車で一時間三〇分離れたところに位置する。人口は約一五万人で、茨城県と同じくらいの規模である。本章では二〇二〇年三月から帰国までの一五日間の、スペインにおける新型コロナウイルス感染症流行の様子を記述する。

私は当初二〇二〇年三月二〇日まで留学先の語学学校での授業を受け、三月二一日から二四日までスペイン国内を旅行し、二五日から二七日までスイス、二八日から四月七日までイタリア、四月八日から四月一一日までイギリスに旅行してから帰国する予定だった。だが、新型コロナウイルス感染症の流行のために旅行を中断し、三月一五日に緊急帰国することにした。

穏やかなサマランカ

二〇二〇年二月の時点では、スペイン国内の新型コロナウイルス感染確認者数がゼロで、むしろ感染拡大していた中国や日本のほうが心配されていた。そのため、新型コロナウイルス感染症は「違う土地で起こっている問題」として認識されていた。しかし三月に入り、まずイタリアで感染者が急増し、徐々にイタリアからスペインに感染者が広がっていった。そしてスペイン国内でも感染者が急増したことで、徐々に危機感が芽生えはじめた。

〈三月一日〉

日帰りで訪れたマドリードでは、二〇名ほどの感染者が確認されていた。私は片道一時間三〇分の電車の中ではマスクを着用し、アルコール消毒（二月に薬局で早めに買っておいた）もこまめに行い、かなり警戒していた。行きの電車では、同じ車両に四～五人程度しか乗っていなかったが、新型コロナウイルス感染症のことを話している人がいた。到着したマドリードにはかなりの人がいた。だが、現地の人はあまり気にしていない様子だった。私は同じ電車に乗っていた六〇代くらいのおじいさんに、「マドリードにもう感染者がいますけど、心配していませんか？　私は結構警戒しています……」と話しかけた。すると、「大丈夫だよ。人との距離をとって気を付ければ大丈夫」と穏やかに対応してくれた。その日、中国人観光客を見かけることはほとんど無く、美術館や街には日本人観光客の姿が目立っていたことも印象的だった。だが、これらの観光客のなかで、マスクをしていたのは二〜三人程度だった。また、この日は二二時頃にバルセロナ対レアルマドリードによるサッカーの試合が中止されずに開催されたことに少し驚いた。

二二時三〇分頃にサラマンカに着く帰りの電車には、隣の席は空いていたものの、ほぼすべての席が埋まる程度の人が乗っていた。すでに新型コロナウイルス感染症の流行を警戒していたクラスメートの中国人のケニーとリンは、「マスクした？　街の様子どうだった？」と聞いてきた。「私は電車でマスクをしていたけど、あまりマスクをしている人がいなくて、人もいっぱいいたし、サッカーの試合も開催していたよ」と答えると、「それは怖すぎる。これからもっと増える」と驚いていた。

この時には、先生たちも私自身もアルコール消毒や手洗をきちんとすれば大丈夫とあまり深刻に考えている様子はなかった。その一方で、六二歳のホストマザーは、「中国から来た人には近づかず、中国の食材は食べないように」と警戒していた。三月に入ってから新しくきた中国人の学生はいなかったが、元からいる中国人の友達もいたため、差別のようにも感じられた。だから、「気を付ける」とだけ伝え、あまり気にしないようにした。

〈三月五日〉

マドリードの新規感染者数が九〇人を超えたことで、私も警戒し始めた。友達の中国人はかなり警戒し、こまめにアルコール消毒をしていた。ケニーは、「スーパーと学校以外、外に出ない」と言っていた。この時には薬局等で販売されている消毒用アルコールの在庫が少なくなり、マスクは売り切れていた。私は警戒していたものの、外出はしていたし、マスクをしていなかった。そして街を行き来する人の数が減ることもなかった。

この日に、リンが歩いている時、小学生くらいの子供たちから「コロナウイルス」と呼ばれるなど差別的な出来事があった。この時はまだ新型コロナウイルス感染症の怖さより差別に対する怖さのほうが強かった。それに対し、スペイン人の先生たちは、「コロナウイルスは国の問題ではなくて、世界の問題だし、気にする必要はない」と差別する人に対し怒りをあらわにしていた。

〈三月八日〉

友達とバルで飲み会をした時、まだ人も沢山いて、一部のバルは普段通り人がごった返していた。だが、私と日本人のえりか、スイス人のナビもそれほど気にしていなかった。ナビは、「インフルエンザや他の感染症と同じだし、治るから大丈夫」と言っており、私もいつもより少し気を付ける程度で大丈夫だろうと思うようにした。また、この日は国際女性デーだったため、サラマンカで大規模なデモが行われていた。この日の夜にケニーから、サラマンカで二人の感染者が確認されたことを知らされた。私は驚いたが、その時には帰国するつもりがなく、ヨーロッパ旅行も出来たらしたいと思っていた。だがケニーは、「これ以上増えたら家にこもる」とかなり警戒していたし、私にも旅行はしないほうがいいと助言していた。


〈三月一〇日〉

スペイン全体の新規感染者数が二千を超え、ほとんどの州で感染が確認され始めたので、私もヨーロッパ旅行はせずに授業が終わった後の二一日に帰国しようと考えるようになった。だが、サラマンカの夕方ごろの街の様子は、普段通りバルも空いていたし、外で飲んでいる人も沢山いた。マスクをしている人もほとんどいなかった。

パンデミック宣言

〈三月一一日〉

WHOがパンデミックを宣言したことを受け、マドリードではすべての学校が一二日から閉鎖されることになった。イタリアでは感染者が急増し、それに続くようにスペインでも感染者が増えていた。この日から、先生たちも事態が深刻だと考えるようになり、話題は新型コロナウイルス感染症のことが中心になった。ある先生は、「悪いニュースばかりで気分が落ち込んでしまうから見ないようにしている」と言っていた。私自身も、感染者数などなるべく暗いニュースに触れないようにしていた。また、旅行をキャンセルしなければならないことに失望感を感じた。だが、語学学校は閉校にならなかったので、サラマンカはまだ大丈夫だろうと思っていた。

〈三月一二日〉

イタリアから帰国したサラマンカ大学の学生から新型コロナウイルスの感染が確認されたため、大学は急遽休校になった。だが、他の語学学校は通常通り授業を行っていた。一三日からスペイン国内を旅行するというブラジル人のクラスメートもいた。バルやお店も通常通り営業していた。この日の夜、三人の友達と店内ではなくテラスで食事をした。テラスには他にもお客さんが三組ほどいた。店内で食事している人はおらず、新型コロナウイルス感染症を少し気にしている様子があった。街には人が普段より少なく、数人だがマスクをしているスペイン人もいて、だいぶ人々の意識が変わったことが感じられた。私と友達も必ずアルコール消毒を行い、感染対策に気を付けるようにしていた。

緊急帰国へ

〈三月一三日〉

スペイン全土で感染者が急増したことから、政府が緊急事態宣言を発表し、一四日から施行されるとアナウンスされた。サマランカの街全体の雰囲気も変わり、人通りが少なくなったと感じた。一六日から都市間の移動が制限されると思われたことから、私は一五日に帰国することを考えた。ホストマザーからは、「しばらくスペインにいればいいんじゃない?」と言われた。正直なところ、「帰国しても感染リスクがある」とはいえ「スペインに残っても感染リスクが高い」ため非常に迷った。だが、これから日本への入国制限が発令される可能性や、この時のスペインでは一日あたりの新規感染者数が急速に増加しており感染リスクが高いこと、授業がオンラインになり留学の意味がないことを鑑み、スペインを一五日に出発して帰国しようと決めた。そして、夕方に急いで航空券と空港行きのバスチケットを買った。帰国について判断するにあたり、中国人のケニーやリンに「帰ったほうがいい」とアドバイスを受けた。また、違う大学に留学していた日本人の友達にも相談した。航空券はマドリード発ドーハ乗り換えの便が安かったが、家族と相談して直行便の方が感染リスクが低いのではないかと判断して、通常なら絶対買わないであろう高額な直行便のほうを買うことにした。そして急いで荷造りを終わらせた。ホストマザーにも一五日に帰ることを伝え、急な別れになってしまうことが悲しくて、申し訳ない気持ちだったが、同時に日本に帰りたいという気持ちも強まった。この日が最後の授業だったため、挨拶をした先生もいれば、挨拶が出来なかった先生もいた。また挨拶の文化であるハグやキスも控えるようになっており、お別れの光景も異様に思えた。また、ケニーもこの日から自主隔離を始めて学校に来なかったため、会えないままお別れすることになった。街を歩いていても、マスクをしている人は中国人くらいだったが、距離をとって歩く人が増えた。

緊急事態宣言が発表された一三日から、バルや夜のクラブなどは営業を自粛した。三月一六日からロックダウン政策が施行され、スーパーと薬局以外は営業停止となった。スーパーでは、①最低一メートルの距離を開けること、②店舗に入る人数を二〇名から二五名までに制限をすること、③緊急事態宣言中はデリバリー禁止の張り紙が張られていた（写真）。スーパーや薬局、散歩以外の目的で外に出るのは禁止された。それ以外の理由で外出したら罰金を支払うことになっており、警察が見回っていた。公共交通機関は原則停止だったが、サラマンカ－マドリード空港間のバスや電車については、減便はしたものの動いていた。

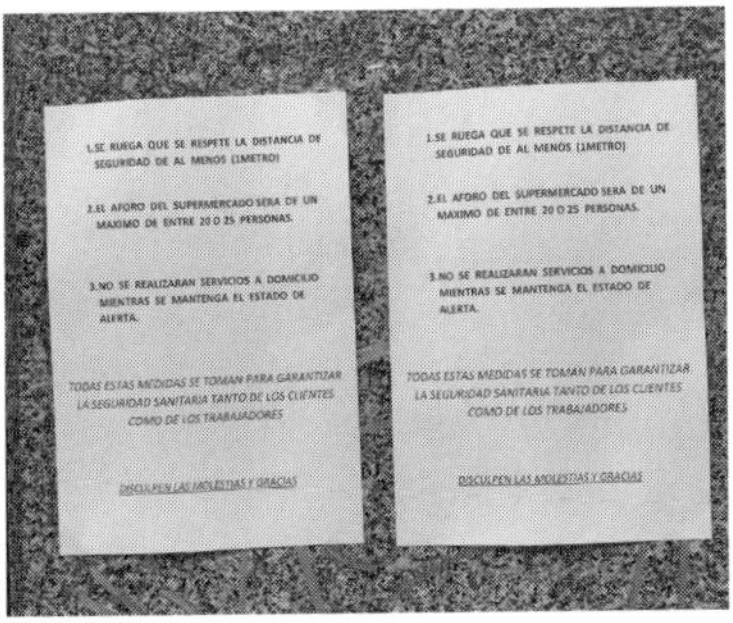

2020年3月15日、サラマンカのスーパーの張り紙（友人撮影）

〈三月一四日〉

ほとんどのバルやお店が閉まり、普段は人がたくさんいる賑やかな通りは静まりかえっており、人と人の距離も取られていた。そしてスーパーでは買いだめをする人が続出し、トイレットペーパーや消毒用アルコールがなくなって混乱していた。いつもならお年寄りの方たちが座って話している外のベンチにも誰もおらず、閑散としていた。クラスメートのオランダ人や日本人留学生も急遽帰国する決断をして、挨拶をする余裕もなかった。一方スペインに来たばかりで長期滞在予定だったえりかは、「学費も払っているし帰国するつもりはない」と言っていた。だが、もしオンライン授業になるのなら語学学校を休学して新型コロナウイルス感染症の流行が収まった後に復学したいと考えていた。そのため、授業はどうなるのか、もし帰国した場合のお金はどうなるのかということを学校に問い合わせていた。しかし、学校の事務局側も緊急事態で答えがはっきりせず、どのように対応すればよいかわからない状態だった。スイス人のナビは、「みんなコロナを大げさに捉えすぎ。帰るのはあり得ない」と考えていて、スペインに残ると言っていた。一六日月曜からロックダウンが始まり、スーパーと薬局以外の外出が禁止になるなど、様々な情報が行き交って混乱としていた。リンは中国への帰国の飛行機がキャンセルされてしまい、しばらくは帰国できなくなっていた。スペインでは感染者数の増加が著しく、状況が大きく変化していたために不安が拭えなかった。サラマンカからマドリード空港行きのバスも当日まで動くのかはっきりしなかったので、現地の友達に電話して聞いてもらうことにした。だが、電話も混み合っていて確認できず、駅まで行って確かめる必要があった。最終的には日本人の友人からバスが運行するという情報を得ることができたが、前日になっても空港に着いて飛行機に乗れるかどうか安心できなかった。

不安の帰国

〈三月一五日〉

朝八時発の空港行きのバスには、サラマンカに留学していた日本人留学生も数名いた。満席ではないが多くの乗客がおり、バスの荷台はスーツケースで埋め尽くされ、入りきらないほどだった。私はマスクを着用してバスの中ではマスクを外さないようにした。一〇時三〇分に到着したマドリード空港はニュースで聞いていたほどは混雑していなかった。だが、マスクをしている人としていない人が半々くらいだった。到着してすぐにチェックインを済ませ、一二時三〇分発の成田行きの飛行機に乗った。ゲート内のカフェテリアは数店空いていたが、それ以外のお店はすべて閉まっていた。飛行機内もマスクをしている人としていない人が半々くらいだったが、幸いなことに満席ではなかった。キャビンアテンダントたちはマスクをして、ウエットティッシュをこまめに配るなどの感染対策をとっていた。乗客は私と同様に緊急帰国をする学生がほとんどだった。咳をしている人がいるとどうしても避けたくなったし、アルコール消毒をこまめにするように気を付け、いつも以上に神経質になった。何かに触れた後や、食事の前後には必ずアルコール消毒をした。トイレも怖かったので一度しか使用しなかった。

〈三月一六日〉

一〇時一〇分に成田空港に到着した。検疫でＰＣＲ検査などがあると思っていたが、その時はまだイタリアと中国からの帰国者か、咳や熱などの症状のある人が検査対象で、私は何もなく普段と変わらずに入国した。その時はまだ公共交通機関の規制がなかったため、新幹線と電車を使って帰宅する

2019 年 12 月 7 日 21 時頃、サラマンカの大きな広場プラサマジョールの様子（筆者撮影）

2020 年 3 月 14 日 22 時頃、自粛をし始めたサラマンカのプラサマジョール の様子（筆者撮影）

ことにした。まず上野駅に向かい、そこから新幹線で実家のある新潟に帰宅した。長岡駅に着き、市の新型コロナウイルス対策センターに連絡したが、自主的に二週間経過観察し、症状が出たら連絡するように指示された。そのまま電車で家に向かい、二週間の自主隔離をした。

ＷＨＯのパンデミック宣言やスペイン政府の緊急事態宣言が発表されてからは、新規感染者数の増加が著しく、新型コロナウイルス感染症のリスクがすぐそこにあるという危機感と恐怖があった。情報が定かではない状況で帰国を決めた後も、本当に帰国できるのかについて常に不安があった。留学にはトラブルとハプニングがつきものとよく言われるが、半年の留学の中で一番のトラブルとハプニングだった。帰国後は幸いなことに感染していなかったが、もし感染していたら状況は大きく変わっていただろう。また、留学期間がもう少し長かったり、時期がずれていたりしたら違う判断をしていたかもしれない。帰国するか滞在するかの判断は自己責任であり、答えも前例もない状況に立たされていた。この緊急事態を乗り越える上で欠かせなかったのは、同じ苦境に立たされ助け合ったクラスメートをはじめとする留学生仲間、家族、ホストファミリー、友人の存在である。支えてくれた方々に心から感謝したい。もともと留学では奇想天外な事柄が起こりうるが、新型コロナウイルス感染症をはじめとする緊急事態はいつ発生するかわからない。多くの学生が安全に一刻も早く留学を再開するときに、この体験記が少しでも役に立てば幸いである。

参考文献

"Día negro en Salamanca por coronavirus ¿Se está alcanzando el pico ?: 147 casos nuevos con vistas al millar de afectados y 16 fallecidos en las últimas horas", Salamanca 24 horas.com　二〇二〇年三月一七日記事［https://www.salamanca24horas.com/texto-diario/mostrar/1860175/dia-negro-salamanca-coronavirus-147-casos-nuevos-vistas-millar-afectados］（二〇二〇年七月三〇日閲覧）

World Health Organization "Spain"［https://covid19.who.int/region/euro/country/es］（二〇二一年一月七日閲覧）

スペイン

日　付	新規感染者数	状　況
3月2日	19	少しずつ話題が出始める
3月9日	290	通常通りの授業 サラマンカの人出は多い
3月11日	650	授業あり 人も沢山いる
3月12日	1,036	マドリードの学校閉鎖 サラマンカ大学休校 大都市を中心に感染が広がる
3月13日	1,346	マスクをする人が増えた マスク、アルコール売り切れ状態 人が少ない 緊急事態宣言発表 危機感を感じるようになった
3月14日	1,811	緊急事態宣言施行 スーパー・薬局以外営業自粛 都市間の移動規制がされるという噂 バルが閉まり始め、街は閑散 人との距離をとるようになった
3月15日	2,178	マドリード空港が混雑
3月16日	2,032	スペイン全土ロックダウン

2章　帰国をめぐり揺れ動く心

【フランス】

神村結花

アンジェでの挑戦

二〇二〇年一月二五日、私はフランスのアンジェへ渡った。アンジェは、フランス北西部に位置し、パリから高速鉄道ＴＧＶで二時間ほどの場所にある。幼少期からクラシックバレエに勤しんでいた私は、ヨーロッパでダンスカンパニーのオーディションを受けるため、この地へやって来た。アンジェには、高校の短期留学プログラムに参加した際に一度訪れたことがあり、ホストファミリーが暮らしている。さらにその数年後、日本で通っていたバレエ教室の先輩が、バレエスクールをアンジェにオープンしたという偶然が重なり、この「運命」に吸い寄せられるようにして、挑戦の扉を開いた。

滞在中は、現地の大学や語学学校に通っていた訳でもなく、日本の大学の制度を利用した留学でもなく、ほぼ毎日バレエスクールに通い、レッスンに励んでいた。一八歳から三〇歳までの間に一度だけ申請できるワーキングホリデービザを取得し、住居、保険、銀行、飛行機などの手続きは、全て個人的に行なった。住まいは家具付きの一人部屋で、大家さんが同居するシェアハウスを選んだ。私にとって、これが初めての一人暮らしだった。この滞在では、日本の知り合いの方々やホストファミリーなど、現地での大きな支えもあり、一ヶ月ほど経った二月末頃には生活のペースが掴めてきた。

私が新型コロナウイルス感染症の流行を強く認識しはじめたのは、三月一二日だった。フランス・リールの大学に留学していた友人のけいから、「もう帰国することになるかもしれない」というメッセージが届いた。このメッセージを読んでようやく、帰国を迫られるほど状況が緊迫しているという事態の深刻さを実感した。この日、フランス国内の新規感染者は、五日前の約三倍にあたる四九七人になっていた。その晩、マクロン大統領は、四日後にあたる一六日からの「学校一斉休校」を発表した。

この日からわずか一週間後の三月一九日、私はシャルル・ド・ゴール空港にいた。緊急帰国することになったのである。この一週間の状況変化は目まぐるしいものだった。生活上の必要最低限の店以外は営業停止になり、外出禁止令が発出され、これに違反すると罰金が科された。また、ＥＵ（欧州連合）の国境が閉鎖されるとともに、ＥＵ内の移動も禁止された。マクロン大統領は、外出禁止令を発表する会見の中で、“*Nous sommes en guerre*（私たちは戦争状態にある）”という言葉を何度も繰り返した。突如、緊急事態が目の前にやってきた。本章では、この当時書き留めていた日記を基に、フランスにおける新型コロナウイルス感染症の感染拡大の状況と帰国までのプロセスについて記す。

忍び寄るパンデミック

〈三月八日〉

この頃から、新型コロナウイルス感染症に対する危機意識が、私の周りにも広まりつつあった。週末の三月七日・八日には、アンジェ近郊地区でダンスコンクールが開催されていた。私が拠点としていたバレエスクールからの出場者の一人、マリオンのご両親は医師であった。マリオンの家族と会場に向かう途中に新型コロナウイルスについての話題になった。「コロナは心配?」とマリオンのお父さんに尋ねられた。「心配はある。日本では学校が休校になったりしているみたい」と、私は応えた。それに対し、マリオンの父は「でもインフルエンザみたいなものだと思うよ。ワクチンが出来れば治るよ」と説明してくれた。少し前に、大家さんも「インフルエンザのようなもの」と話していた。これが当時のフランスにおける、新型コロナウイルスに対するひとつの捉え方だった。この時は、一週間後に外出禁止令が発出されるとは思ってもみなかった。

〈三月一一日〉

この日は、日本人の友人ゆきちゃんとクレープ屋に出かけた。彼女は、語学留学のためにアンジェに滞在していた。店内が賑わうお昼時、携帯用の消毒ジェルを取り出し使用するお客さんを見かけた。

それを見て、バレエスクールの友人が「消毒ジェルを買った」と、話していたことを思い出した。

ゆきちゃんは、四月初めに予定していたイタリア旅行を中止にしたという。イタリアは、この時既に感染者数が一万人を超えており、急激な感染拡大が話題となっていた。一方で私は、三月二〇日から一週間、ダンスカンパニーのオーディションを受けるため、ハンガリーのブタペストやドイツのフランクフルトなどのいくつかの都市を巡る予定があった。既に飛行機やホテルなどの予約をしていて、ブタペストでは、留学中の友人二人の家に宿泊させてもらうことになっていた。しかし、友人のひとりから「寮で海外から来た人の入室が禁止になった」という連絡が届いた。このように、EU各国で感染拡大防止対策が始まりつつあった。オーディションはまだ中止になっていなかったものの、国境を跨ぐことへの不安を感じずにはいられなかった。結局この日のクレープが、フランスでの最後の外食となった。

昨日が最後の毎日

〈三月一二日〉

夜になると、マクロン大統領による会見で、来週月曜日一六日からの「学校一斉休校」が発表された。この日から新型コロナウイルス感染症への「不安の感染」が拡大しはじめた。会見前に連絡をとっていた友人けいは、「帰国することになるかもしれない」と話していた。そのため会見後、けいに電話してみた。すると、彼は「帰国を決めた」という。日本の大学の留学制度を利用した学生は、外務省による感染症危険情報のレベルが二以上の地域に滞在することができない。この時フランスのレベルは、〇から一へと深刻度が増していた。彼は近日中にレベルが一から二へ引き上げられるだろうと考え、既に二一日の帰国便を予約したと話してくれた。これは留学の中断のみならず、日本で新学期をむかえ、四月から就職活動を始めるという非常に大きな決断だったと思う。この時、私自身の帰国については、全く考えていなかった。

〈三月一三日〉

フランスでの学校一斉休校の発表、イタリアやスペインでの急速な感染拡大の状況を踏まえ、三月二〇日に出発する予定だったハンガリーやドイツを巡るオーディションを全てキャンセルすることに決めた。国境を跨ぐことは危険だと判断した。メールや電話を繰り返し、やっとこぎつけたオーディションの機会、さらに飛行機とホテルのキャンセル手続きには、とても体力が必要だった。すると一一日にクレープを一緒に食べたゆきちゃんからも「帰国を決めた」という連絡が来た。周りの日本人学生が次々と帰国を決めていく。日本の母からも「帰国を考えてみて」という電話があった。私の頭の中にも、「日本へ戻る」という選択肢が姿を現してきた。

その夜、バレエスクールに向かうと、先生から皆に向けて状況が伝えられた。「来週から学校一斉休校になるので、バレエスクールも閉じなければならない可能性が高い」。いつ教室が閉まるか分からない状況にそわそわしながらレッスンを受けた。帰宅後、フランスやハンガリー、イギリス、スペイン、ベルギーの大学に通う友人たちに連絡し、様子を聞いてみた。現地の大学に入学している友人は帰国を考えている様子はなかった。しかし、日本の大学を通して留学している友人は、帰国を強く意識していた。「これから生活がどのように変わっていくのだろう」という不安が大きくなり、次の日には朝五時に目覚めてしまった。

〈三月一四日〉

スペインで緊急事態宣言が発表されたことを受けて、フランスの危機感も高まっていた。朝のレッスンに向かうと、クラスの出席率がいつもより低かった。けいからは、「二一日の飛行機の便を一七日に前倒しした」というメッセージが届いた。国境の封鎖もいつ始まるか分からない。ＥＵの劇場は次々と扉を閉じた。このままフランスに留まっていてもオーディション活動もできない。母も電話で「早いうちに帰って来た方が良い」という。そこで日本へ帰る飛行機を調べはじめた。

夕方、近所の庭園に出かけた。雲がふわふわと浮かぶ心地よい青空で、広がる不安も溶けていく。この庭園内でおばあさんに道を尋ねた。するとまず初めに、「コロナだから少し距離をとって話してほしい」と言われた。その時初めてフィジカルディスタンス（ソーシャルディスタンス）を感じた。彼女は、一緒に目的地まで歩いて案内してくれるほど優しかったが、心に少し隙間を感じた。

二〇時頃、政府から「今夜深夜一二時から、生活上必要不可欠ではない場所は全て営業停止」という発表があった。つまり、スーパー、薬局、銀行、たばこ屋、駅以外の公共施設や、レストラン、バー、映画館などのシャッターが全て閉じるということである。そして「外出を控え、人とのコンタクトは控えるように」という指示があった。一人でいる部屋の窓から、暗い闇が押し寄せてくるような不安。日常が一気に日常でなくなっていく感覚。この先どうなっていくのか、いま自分は何をすべきなのか、何もわからない不安と混乱が体内を駆け巡って、とにかく部屋の中を歩き回った。座っては歩いて座っては歩いて、一時間が経過した。その時にプチっと頭のスイッチが切り替わるように「日本に帰ろう」と思った。そして考える間もなくスーツケースを開き、荷造りをはじめた。深夜二時までの二時間程でほぼ全ての荷物を詰め終わっていた。

帰国をめぐり揺れ動く心

〈三月一五日〉

起きてからも、すぐに飛行機を調べた。しかしながら「このまま帰国していいのか」と問いかける自分もいる。賭けてきた想いと、この状況の掴めなさとの間を揺れていた。念のため、大家さんに「帰国するかもしれない」と、退去手続きについて相談した。私の契約では、退去することを伝えた日から一ヶ月分の家賃を支払うことになっていた。そのため、数日後に家を出るとしても、一ヶ月分の家賃は払うことになる。家具付きの部屋だったため、家具を撤去する必要もなく、複雑な解約手続きは必要なかった。あとは自分の決断次第。

それから帰国を強く勧める母と電話で話した。その後、バレエスクールの先生ユミさんに電話をした。彼女は「（新型コロナウィルス感染症の流行は）ここ数週間の勝負ではないか。大きな決断をしてこちらに思い切って来たんだから」と、フランスに残ることを後押ししてくれた。私は「フランスでやり抜きたい」と決意を新たにした。しかし、電話を切って部屋に一人になった瞬間に、不安がぐるぐる竜巻のように舞い上がり、スーツケースの準備に取り掛かってしまう。

この間にも、感染症に苦しむ人達が大勢いる。初めはオーディションに行けるかどうかが大きな不安だった。そこからバレエクラスが開かれるのか、食料調達に行けるのか、毎日生活できるのかと、日に日に当たり前が当たり前ではなくなって、奇跡の瞬間になっていく。いま想像する明日は来ない。毎日すごく恵まれた生活をしていたんだとハッとして、涙が溢れてきた。ちょうど不安が襲ってきた時に、高校時代のホストマザーから連絡が来た。私は今回の留学で彼女と再会し、頻繁に連絡を取っていた。「もし食料など足りないものがあったら、遠慮せずに何でも言ってね」というメッセージだった。こんなに力強いサポートしてくれる人が身近にいることに、さらに涙が止まらなくなった。

この時、頻繁に連絡を取り合っていたけいは、「自分が帰国したら二週間は自主的に自宅待機した方が良いと言われている。日本からしたらそれだけ感染のリスクの高いところにいるんだなって実感して、少し不安になった」と、話していた。ここ数日、私は毎日「COVID19 France」とグーグルの検索欄に打ち込んでいた。けいの話を聞いた後でまた検索すると、真偽はわからないが、フランスのある記事には「フランス国内の五〇～七〇％の人々が感染している」と書かれていた。別の記事には、「ドイツはフランスとの国境を閉鎖する」とあった。そして、フランスでも外出禁止令が発令されるという噂を耳にした。フランスの新規感染者は右肩上がりで、感染拡大が止まらない状況だった。

〈三月一六日〉

昨日、「帰国はしない」と、気持ちがまとまっていたせいか、良く眠ることができた。やるしかないという気持ちだ。そんな中、ゆきちゃんがエールフランスが航空便を二ヶ月間七〇～九〇％減らすという記事をシェアしてくれた。帰国したくてもできなくなる可能性が現実味を帯びてきた。

昨晩に外出禁止令の噂を耳にしたので、午前中はスーパーへ出かけた。今週初めての外出だったが、街の風景にそれほど違和感はなかった。ところが、目の前に突然、お化け屋敷のように赤と青の手形で埋め尽くされたATMが飛び込んできた（次頁写真右）。誰かの不安が乗り移ったようでただならぬ雰囲気が漂っていた。その後通りかかったケーキ屋のドアには、「人と人の距離をとってください」というポスターが掲示されていた（次頁写真左）。スーパーに着くと、パスタやパンの棚は空っぽだった。食料は足りていたので何も買わずに店を出た。パン屋も開いていて、テイクアウトならケーキ屋も営業していた。フランスの「生活上の必要最低限」に、パンだけでなくケーキが含まれていることに驚いた。そしてなんだか少しほっとした。

午後は、スタジオの鍵を借りて自主練習をした。すると開始早々、メールの着信音が聞こえた。そ

2020 年 3 月 16 日、ケーキ屋入口のポスター。「人と人の距離をとることをリスペクトしてね」と掲示（筆者撮影）

2020 年 3 月 16 日、家の近くの ATM。「外出禁止令」の噂があった次の日の朝（筆者撮影）

のメールは、外務省による感染症危険度レベルが二に引き上げられたことを伝えるものだった。フランスだけでなく、ヨーロッパ全域が対象であった。フランスに残る決意を強くしたはずが、ここで踊るのはこれが最後かもしれないという予感が頭をよぎった。実際に、これがスタジオで踊った最後の日になった。

夕方、スタジオを出てもう一度スーパーに行く。すると私の目に飛び込んできたのはスーパーの前に並ぶ人の長い行列（次頁写真上）。スーパーは入場規制をしていた。スーパーの中がどのように変化しているのだろうという好奇心もあり、列に加わった。店から出てくる人々は、満杯に詰まった特大の袋を両手いっぱいに抱えている。三〇分ほど並びようやく入店すると、店内には少数の客と、マスクと手袋で完全防備している店員さんがいた。彼らは会計する度に消毒をしていた。パスタやパン、野菜の棚には品切れが目立つ（写真下）。いつもは溢れ落ちそうなくらい並べられているバナナが一本もない。まだ食料は手に入りそうだったものの、外の行列を思い出すといつ食品が買えなくなるかわからない。スーパーを出ると不安を煽るような曇り空が広がっていた。

二〇時にマクロン大統領が外出禁止令を発表した。必要最低限の買い物、仕事、病気の看病をすること、身体を動かすことと犬の散歩以外は外出禁止になった。一〇万人の警察官が巡回し、外出許可書を所持していないと三八ユーロから一三五ユーロの罰金が科される。明日の正午から少なくとも一五日間実施するという。マクロン大統領は、この会見中でも何度も〝*Nous sommes en guerre*（私たちは戦争状態にいる）〟と呼びかけていた。この会見後、バレエスクールの先生ユミさんと電話をした。「このような厳格な外出制限だと、少しもお稽古ができず一人で家にいることになる。もうこれ以上の滞在は勧められない状況かもしれない」。この言葉を聞いて、帰国を決断した。

その夜、飛行機を予約した。乗換便は乗り継ぎ時に感染の可能性があることや、キャンセルが心配

2020年3月16日、スーパーの入場規制の行列（筆者撮影）

2020年3月16日、スーパーの棚。パスタはほとんど残っていない（筆者撮影）

されるため、日本航空や全日空の直行便を検索した。日程はなるべく早く、一人で空港に向かうことを考えて出発時間も早すぎず遅すぎず、「安全を最優先にチケットを取るように」と、親が気にかけてくれた。あとは値段との相談だが、オープンチケットを買っておけば日付変更だけで済んだのに……と、この時気がつき、後悔した。飛行機の座席はかなり埋まりつつあった。予約をした便は、一九日一九時発、二〇日昼過ぎ羽田着の全日空だった。空港に行く電車も満員になる可能性があるため、TGVも予約しなければならない。時間と値段を考慮した結果、一九日一〇時の電車を予約した。昼過ぎに空港に到着する予定だった。

危機一髪の帰国

〈三月一七日〉

私は大家さんに帰国を伝え、退去手続きをしてもらった。契約終了を用紙に記入して大家さんに手渡す。頻繁に連絡を取っていたゆきちゃんにも帰国日を伝えた。すると、彼女も同じ日にフランスを発つことがわかった。しかし、彼女は前日の一八日にアンジェを出発し、念のため空港近くのホテルで一泊するという。私の予定では、電車がキャンセルになった場合、空港にたどり着けない可能性がある。そこで、私もゆきちゃんが予約したホテルの部屋をシェアしてもらえないか相談した。

外出禁止令が昼の一二時から施行される。その前に最後の記念として買い物に出かけた。ほとんどのお店が営業停止しているため賑わいはないものの、歩いている人々の姿もちらほら見えた。昨日、多くの人が買い物を済ませたのか、スーパーに行列はなかった。家の近くのパン屋で最後の買い物をした。そして午後になって、ゆきちゃんが予約していたホテルに宿泊させてもらえることになった。そのため、アンジェ発の電車は、明日六時三二分となった。そこから、帰国の最終準備がバタバタと始まった。母にも連絡した。「日本ではヨーロッパでの流行についての報道がすごい。帰国後は隔離されるかもしれない」という。毎日次から次へと試練がやってくる。

二一時に大家さんが部屋をチェックすることになったため、それまでに荷物を全てまとめ、冷蔵庫を空にする必要があった。残っていた食料品は多くなかったため、開けていない缶詰はスーツケースに入れ、開封済のものを調理した。調味料等はバレエの先生に譲り渡すことにした。それから掃除を済ませ、部屋はすっかりきれいになった。そして、お世話になったフランスのホストマザーや友達にお別れの連絡をした。直接挨拶ができずに出発になってしまったことが悔やまれる。先生たちにも手紙を書いた。

〈三月一八日〉

家を出る時間は五時三〇分。四時三〇分にアラームをかけたが、四時二五分に起きてしまった。後でわかったことだが、最初に予約した一九日の電車はキャンセルになったため、空港にたどり着くことができなかったかもしれない。ホテルをシェアしてくれたゆきちゃんありがとう。外はまだ真っ暗の中、まっさらな部屋を出る。こんなに早く、こんなに慌ただしく、家を出ることになるとは思ってもみなかった。まだ二ヵ月ほどしか過ごしていない部屋を眺めてしんみりしてしまう。保険や銀行口座は解約せずにそのまま残しておき、また戻って来られるように願いを込めて扉を閉めた。

先生のユミさんが、駅まで見送るために迎えに来てくれた。そして、駅でのお別れ。「いってらっしゃい！　待っているね」。その言葉を聞き、涙をおさえるために目が痛くなった。ホームの天井から水滴が落ちてきて私の頬を伝った。涙かと思った。ＴＧＶでは、目の前に座っている男性がそわそわした様子で、あとどれくらいで空港に着くのかと尋ねてきた。彼は、ナントから来たらしく、夕方の便でインドへ帰るそうだ。それがインドに帰る最終便だという。インドもヨーロッパからの入国規制を始めるらしい。「今日は寝られなかった」と、外の景色を眺める彼の目は潤んでいた。不安な気持ちは皆一緒なのだ。

無事にシャルル・ド・ゴール空港に着き、ゆきちゃんと合流してホテルに向かった。空港の店も、ほとんどがシャッターを閉じている。空港内は閑散としていた。ホテルのロビーは、座って待つことができないように塞がれていた。朝食も、普段はビュッフェスタイルだが、人との接触を避けるためルームサービスになるようだ。ホテルの部屋にチェックインすると、外務省からのメールが届いた。感染症危険度が、全世界を対象にレベル一となった。状況が日に日に、分刻みに厳しくなっていることを実感する。

ホテルでゆきちゃんと、私が持ってきた缶詰を開けてご飯を食べる。一緒にいてくれる人がいると、心が落ち着く。この数日をどのように過ごしたかを共有して不安は半分に、そしてフランスの思い出話で楽しさは倍になった。この緊急事態の中で、唯一穏やかな時間であった。

〈三月一九日〉

「こんなに早く帰ってくるはずじゃなかったのに。お土産も何もなくてごめんなさい！」と、謝っている夢を見た。四時三〇分に目が覚め始めたが、お昼過ぎまでホテルの部屋で過ごすことができた。二人でいると、荷物などもダブルチェックできるため心強かった。ゆきちゃんより早い便だった私は、先にターミナルへ向かった。空港は今日も閑散としている。「飛行機が無事に出発するのだろうか」と待ち時間がとてつもなく長く感じたが、なんとか搭乗することができた。窓の外に見えるトリコロールのライトアップがどんどん遠ざかる。この一週間は、フランスでの生活は夢だったのかと思うほど、本当に目まぐるしかった。明日行こうと思ったところに突然行けなくなって、昨日が最後の日になる。毎日、昨日起こったことが「奇跡」になった。

フランスでの日々を想う

〈三月二〇日〉

無事、日本に帰国した。空港での検疫は驚くほど緩く、スルスルと通り向けた。熱はなかったものの、本当にウイルスを持ち帰っていないか不安だった。家族が空港まで迎えに来てくれて、日本に帰ってきたことを実感する。ここから二週間の自宅待機期間が始まったが、健康に過ごすことができた。周りの方は口を揃えて、「無事に帰って来られてよかったね」と、声をかけてくれた。

この経験を振り返ると、人とのつながりのおかげでこの緊急事態を乗り越えられたのだと感じる。フランス滞在中ずっと親身に支えてくれた先生、毎日のように電話して情報交換しながら話を聞いてくれた友人たち、フランスのホストマザー、バレエ教室の友人、日本から気にかけてくれた方々、そして何といっても家族と、たくさんの方々が支えてくれていた。

この目で捉えることのできない脅威に晒された時、「確かな」情報をどう集めるかが勝負だった。猛烈なスピードで状況が変化する世界の中で、昨日当たり前だったことが今日当たり前ではなくなる日々だった。そこで信じられたことは、周囲の人との関係性の「確かさ」だった。帰国を決心した最後の決め手は、普段は何事もポジティブに捉えるバレエの先生ユミさんの「もうこれ以上の滞在は勧められないかもしれない」という言葉だった。些細な会話の中から、自分では解決できない突破口が見つかったり、より深く納得できたり、ただただ気持ちがほっとして救われることも多かった。

その一方で、最終的に決めるのは自分だということを心に留めておきたい。帰国を決断する際、私には帰らないという選択肢もあった。だからこそ、自分が「どうしたいか」と「どうすべきか」の感情の狭間で揺れていた。この緊急事態下で、情報を読み取り、想像力を膨らませ、選択をしていくそのプロセスが、その後の自分になっている気がする。何を、なぜ、どのように、選択したのか、自分で語れるストーリーを持つことが自分を強くする。
この時のことを思い返すと、今でも一瞬一瞬の記憶がこと細やかに立ち現れて、全身に緊張感が走る。同時に、この時関わった一人ひとりの顔が思い浮かんできて、どこか温かい気持ちにもなる。フランスでの挑戦は、予定していたよりも短い期間で予想外の形で終わったが、やっぱり行けてよかったと思う。

参考文献

World Health Organization "WHO Coronavirus (COVID-19) Dashboard (France)" [https://covid19.who.int/region/euro/country/fr] (二〇二三年一月三日閲覧)
«Nous sommes en guerre»: ce qu'il faut retenir des annonces d'Emmanuel Macron, Le Parisien [https://www.leparisien.fr/politique/coronavirus-confinementmunicipales-entreprises-soignants-ce-qu-il-faut-retenir-des-annonces-d-emmanuelmacron-16-03-2020-8281587.php] 二〇二〇年三月一六日 (二〇二〇年五月一〇日閲覧)

フランス

日　付	新規感染者数	状　況
3月12日	497	16日より「学校一斉休校」が発表
3月13日	586	
3月14日	770	深夜0時より生活必需品を扱う店以外の国内全ての店舗を休業
3月15日	818	16日より「ドイツ－フランス間の国境閉まる」と報道
3月16日	923	「学校一斉休校」始まる 17日より「外出禁止令」が発表 外務省の感染症危険度レベル2へ
3月17日	1,198	「外出禁止令」施行 必要最低限の買い物、仕事、病気の看病をすること、身体を動かすこと、犬の散歩以外は外出禁止 家族や友達、複数人の外出は認められない 10万人の警察を巡回させ、外出許可書を所持していないと38€から135€の罰金が科される 最低15日間の実施 EUの国境を閉め、EU内への移動を30日間禁止
3月18日	1,070	
3月19日	1,377	
3月20日	1,846	

3章　パンデミック下の大地震　【クロアチア】

佐田　栞

夢の実現

私は東欧に位置するクロアチアの首都ザグレブでの交換留学中に、新型コロナウイルス感染症の流行に巻きこまれた。そして九ヵ月間の予定だった留学を半年で切り上げ、帰国するという決断をした。当初の留学計画では、所属大学を通じた交換留学生として、二〇一九年九月から二〇二〇年六月まで（二セメスター）滞在予定だった。所属大学では商学部でマーケティングや経営学を専攻しており、留学先のザグレブ大学でも経済・ビジネス学部での、より実践的な学びを目的とした留学をスタートした。留学をしようと決めたのは、高校時代である。高校一年生の夏休みに二週間イギリスでの語学留学をした時に、思うように意思疎通をとれなかったことがとても悔しかった。次はもっと長期間海外に滞在して、世界中の人と意思疎通ができるようになりたいと強く感じたため、大学入学前から必ず留学をしようと心に決めていた。そんな長年夢に見た留学生活を中断することになるとは微塵も想像していなかった。本章では、新型コロナウイルス感染症の流行に翻弄された私が、帰国を決断するまでの経緯を紹介する。海外で緊急事態に巻きこまれた際に、冷静に対処するための一助となることを願っている。

クロアチアは一九九一年にユーゴスラビア社会主義連邦共和国から独立した国で、アドリア海に面している。二〇一三年にヨーロッパ連合（ＥＵ）に加盟した国である。人口は四国地方とほぼ同様の

首都ザグレブのシティセンターでの１枚
（2020 年 1 月 29 日、筆者撮影）

海沿いの都市、スプリットへの週末旅行
（2019 年 10 月 12 日、筆者撮影）

ザグレブのシンボル、聖マルコ教会
（2020 年 2 月 6 日、筆者撮影）

四〇〇万人、国土面積は東北六県から青森県を抜いたほどの大きさだ。公用語はクロアチア語だが、英語教育が進んでいるため、中高年の方を除き、流ちょうな英語を話すことのできる人が大半であった。しかしながら、街中には英語表示がほとんどなかったため、必要に応じてGoogle翻訳を使用しながら生活していた。

クロアチアに留学していたと言うと、百発百中で「なぜクロアチアにしたのか」と聞かれる。理由のひとつは、日本人が少ない厳しい環境に身を置くことで、自分を成長させたいと考えたためである。もうひとつは、あえて公用語が英語ではない国に留学し（授業は英語コースが用意されていた）、日常生活でさえ一筋縄ではいかないという経験をしてみたかったためである。所属学部にいた日本人は私一人で、アジア諸国に広げても、インドネシア人の友人と私の二人だけであった。

新型コロナウイルス感染症が自分事になるまで

ザグレブ大学では、二月二四日に新学期が始まった。クロアチア初の感染者が確認されたのは、翌日の二月二五日だった。その後、既に感染拡大の兆候が見られていたイタリアからの帰国者などを中心に、感染者が日々増加していった。このころはまだ新型コロナウイルス感染症の流行は対岸の火事のような感覚だった。現に、教授が授業中にヨーロッパではじめに感染爆発したイタリア人の学生に対して、新型コロナウイルス感染症に関するジョークを言ったり、アジアは大変そうだねという話をしていた。

しかし、新型コロナウイルスはクロアチアにも確実に迫っていた。私がそれを実感したのは、路面電車の中でマスクを着用している人をちらほら見かけるようになった時である。パンデミック以前は、欧米ではマスクをつけている人に対して「ひどい病を患っている」というイメージを持つ人が多かった。そのため、私は街中でマスクをつけないようにしていた。そんな地域でマスクを着けている人がいるということは、本当に非常事態なんだと感じたことが印象に残っている。

この頃から、話題のほとんどが新型コロナウイルス感染症関連になった。留学生同士で話す際、それまでは旅行や授業の話が中心だったが、感染拡大の兆候が現れてからは、母国の感染状況やそれに対する政府の政策についての話で持ちきりだった。

三月二日から四日にかけて、高校時代の友人二人が日本から遊びに来てくれた。アジアからの入国が制限されないかハラハラしていたが、二人とも入国できた。しかし、検疫や入国審査の過程はやはり普通ではなかった。空港に二人を迎えに行ったものの、飛行機が着陸して一時間以上経っているはずの二人から連絡がなかったのだ。後で話を聞いたところ、たくさんの書類を書かされていたそうだ。ザグレブでの行動スケジュールと滞在先、私に会うことを伝えると、私の住所や電話番号も聞かれたらしい。さらに、滞在期間は毎晩保健所に電話をし、体調を報告する義務を課されていた。この三日間、三人で街中を歩いている時に人目が少し気になったことを覚えている。

その後、クロアチアの感染者は、帰国者を中心に増加していった。三月の中旬には海外からの入国者に対して一四日間の自主隔離が義務づけられた。三月一一日から一週間、クロアチアを含めた東ヨーロッパを旅行する予定だった家族は、泣く泣く全日程をキャンセルした。数日後には、スーパーマーケット以外の商業施設は休業状態になり、公共交通機関も全て運行停止した。街中に人影がなくなり、どんどん活気がなくなっていった。

刻々と状況が変化する異常事態

クロアチアは国自体が比較的小規模だったためか、この時にはEU各国で導入されていた罰則付きの外出制限はなかったが、店舗の営業制限は段階的に進んだ。この時期の生活について、当時つけていた日記やSNSの投稿をもとに振り返る。

〈三月一三日 日記〉

――コロナで先が見えない　やる気もおきない

同日 SNSへの投稿

――とうとうクロアチアでも来週から二週間オンライン授業って大学から連絡きたけど、ドイツ・ハンガリー・スロバキアらへんはとっくに休校措置が出ていたとのこと。ドイツの友達に関しては二月から五月まで春休みになったそう。ヨーロッパは陸続きだからそりゃ広がるよなあ……

三月一六日からクラブやバーの営業期間短縮が始まり、その後完全に営業停止になった。ちょうど同じ時期に授業も全面オンラインに移行した。

〈三月一六日 SNSへの投稿〉

――ヨーロッパ留学組 みんなどんどん帰っていく……クロアチア今のところ、この持ち堪えようすごいけど、いつどうなるか分からないよね。もう日々コロナの情報見てるの疲れてきた。早く消えて～

〈三月一八日 日記〉

――前略――とうとう明日から本格的にシャットダウン×30 days。三〇日閉めるのに学校始まるわけないか、よくよく考えたら。あんなに楽しみにしてた留学もうすぐおわりなん？

三月一九日にはレストランやカフェも営業停止になり、スーパー

2020年3月17日21時36分、シティセンターにて。普段ならまだ人で溢れかえっている時間（筆者撮影）

2020年3月15日18時26分、友人とスーパーに行ったが、生鮮コーナー・パスタコーナーは空っぽだった（筆者撮影）

マーケット以外の商業施設はすべて最低でも三〇日間の閉鎖が決まった。また国内での移動が制限され、長距離バスも運行停止になった。

〈三月一九日 日記〉

――前略――ドゥブロブニクの空港急に閉まって恐怖すぎる。まじで帰るべきかどうか分からん。感染者の桁が変わってきたからそろそろやばいのかな。東京もやばいんだったらこっちにいた方がよくない？もう訳分からん。何が正解？　誰か強制して……。

〈同日 SNSへの投稿〉

――『もう何が正解かわかんない。まだ母校から帰国要請はない。日本に復学してもいいけど、これから爆発的に感染者増えるかもとか言ってる。このままオンライン授業が続いたとしても、お店閉まりっぱなしでも、こっちにいた方がまし？帰国できるうちに帰国すべき？』

〈三月二〇日 日記〉

――前略――友人から四月二〇日まで学校ないよって連絡きてもうまた大混乱。結局自分がどうしたいかじゃない？って。間違いないよね。結局自分にしか決められない。

三月二一日には交通手段のない留学生にとっての唯一の足である路面電車の運行停止と公園の封鎖

が始まった。このため、寮から身動きの取れない状況に置かれた。

〈三月二一日ＳＮＳへの投稿〉

――ちなみにザグレブは三月いっぱいはとりあえずオンライン授業。スーパー以外のお店は昨日から最低一ヶ月全部閉店。明日からは全公共交通機関がストップするので、自家用車がない留学生の交通手段はタクシーオンリー。そろそろ空港も閉まるかもと聞いてドキドキしています……。

新型コロナウイルス感染症の封じ込めを目的にした政策は、決定後すぐに適用されるものが多く、数時間ごとに情報をチェックしなければ、ついていけない状態であった。散歩やスーパーでの買い物は許されていたため、たまに外に出てリフレッシュする時間が唯一の至福の時だった。

情報収集の難しさ

クロアチアは公用語がクロアチア語だったため、情報収集には特に苦労した。重要なニュースは、テレビやネットのクロアチア語のニュースを中心に発信されていた。そのため、私は在クロアチア日本大使館から送られてくるメールや知り合いの大使館職員の方からの連絡、クロアチア人の知り合いや友人、現地在住の日本人のTwitter、日本人コミュニティのチャットから情報を収集するようにしていた。また、トルコ人のルームメイトとも日々情報共有するように心がけていた。

帰国するかの判断は、人生で一番難しい選択だった。同じくヨーロッパ留学中の友人、クロアチア留学中の日本人、家族などに毎日電話して相談していた。一部の大学は早々に帰国を要請していたが、私の大学はあくまでも自己判断だったため、それもまた決断が難しい要因だった。

一四〇年に一度の大地震

三月二一日に帰国を決断し、三日後の三月二四日早朝のフライトを予約した。

〈三月二一日 日記〉

一～二週間さんざん悩んだけどようやく決断した。日本に帰る理由はなくても私の本当の家は日本にある訳であって、クロアチアにいる理由がなくなったっていうのが正しいのかも。お店しまったし、トラム明日から止まるし、いる理由がない。チケット取ったし、仲いい人には連絡入れたけど実感はまるでない。Ａ（日本の友人）と電話した。Ｂ（一学期目のルームメイト）とも電話した。Ｃ（日本の友人）とかＤ（日本の友人）から正しい判断だと思うって言われてホッとした。

〈同日一九時五二分 ＳＮＳへの投稿〉

帰国します。周りが帰るから流されたって思われるかもしれないけど、本当に毎日今の自分にとってどの選択がベストなのか考え続けてました。いろんな人の意見を聞くたびに揺らいでた中、昨日友達に言われました。「あなたはどうしたいの?」これが決め手でした。結局自分が決めるしかない。

帰るか帰らないかを決断するために多くの人に相談していたが、結局話しているだけでは自分の考えはまとまらなかった。そこで、文字に起こすことで自分の考えを整理することにした。当時の実際のノートには、以下のように記されていた。

『タイトル：帰る、帰らない論争』三月二〇日

・帰る

◆優先順位は就活

◆一セメ終わった時点でやり切った感があった。あと3 monthsで何が変わる?　燃え尽きた

◆外出禁止ももうすぐなんじゃん?　先の見えない自粛生活

◆六月までいつ学校始まるか?

◆あと四単位とらなくていい単位を勉強しなくていい

・帰らない

◆英語を話せる

◆また学校が始まるかも
◆留学生活は人生最初で最後

しかし、クロアチアでは二二日の朝六時二四分にマグニチュード五・四、七時にマグニチュード五・三の大地震が発生した。震源は私が住んでいたザグレブ直下で、一四〇年ぶりの大地震だった。いま思えば大地震の予兆だったのかもしれないが、前日まで二〇度を超える暖かい陽気だったにもかかわらず、二二日は気温が一桁で雪が降るという天気予報だった。たしか前日ルームメイトとの会話で、ここまで天気が急変することがあるのかと話したことも薄っすら記憶に残っている。

翌朝はベッドの下で岩が動いているのか、と思うような不思議な音と感覚で目を覚ました。その直後に建物が大きく揺れ始めた。おそらく地響きの後に地震が発生したのだろう。幸い、部屋に置いていたものが倒れることはなく、そのことを確認した私はまあ小さい地震だろう、と思いベッドにとどまった。そのとき、ルームメイトはコートを手に急いで外に出ていったので、少し心細くなった。あとから彼女と話した時、「あなたは地震大国に住んでいるから、地震に慣れていて怖くないんだろうなと思って、一人で逃げてしまった」と言われた。

ルームメイトが部屋を出た後も結局私はベッドに寝ころんだまま、でもやはり地震のことが気になってインターネット上で情報収集を始めた。分かったことは、私が住んでいた首都のザグレブの直下型地震であったこと、またマグニチュードが五程度だったことだ。そうしているうちに、再び地震

3月22日早朝の地震直後、旧市街の被害状況はSNSで知った（istock/Goran Jakus Photography）

クロアチア国内で最も高い建物として知られる教会。140年ぶりの大地震に見舞われ、教会の尖塔が倒壊した（istock/Goran Jakus Photography）

に襲われた。気温が一桁にもかかわらず、外からたくさんの人の声が聞こえてきた。避難している人だろうと思った。

二度目の大きな地震の後、ルームメイトが部屋に戻ってきたのとほぼ同時に、寮のスタッフから全員外に避難するようにという指示があった。それまでステイホームと言われていたにもかかわらず、雪が降る朝に建物の外への避難命令が出たのだ。大きな地震を経験したことのない人が多く、三〇分後にまた巨大地震が来るなどというデマも出回っていた。みなダウンコートや部屋にあった毛布を持ち、着の身着のまま外に避難した。

避難中（とはいっても寮の敷地内にあるベンチに座ったり、棒立ちのままだったりという状態）にSNSを見ると、地震の被害状況が分かる写真がたくさん投稿されていた。崩れ落ちたレンガが駐車中の車に山積みになっているもの、家の中で壁が崩れ落ちているもの。ショックだったのは街のシンボルである教会の尖塔が折れた写真だった。産婦人科に入院していた妊婦さんらが赤ちゃんを抱え外に避難している写真もあった。新型コロナウイルスへの感染と余震への不安、というこれまでに味わったことのない感情に包まれた。

日本でマグニチュード五前後の地震は、きっと「大したことない」のだが、地震が珍しいヨーロッパでは建物が崩れるくらいの規模だった。幸い私はザグレブ大学の寮でも最新の建物にいたため、停電や断水などの被害はなかった。だが、古い寮では壁付けの棚が丸ごとベッドに落ちてきたという話を聞いてゾッとした。留学先では金額だけで滞在先を決めてしまいがちだが、こういう事態も起こりうるということを念頭に、しっかりとした建物であるかも確認すべきだと感じた。

その日の夕方、嫌な予感は的中し、二日後に予約していた二四日の航空便の欠航通知がきた。欠航の理由は地震ではなく、トルコ航空がザグレブ - イスタンブール間の航空便を停止したからだった。帰国を諦めようかとも考えたが、この週の前半を逃すと、空港が閉鎖されたり、航空会社が運航を取りやめたりと、しばらくは出国が困難になると言われていた。このため、日本人コミュニティの方々に連絡して、運航停止の航空会社続出のなかからフライトを探す作業を手伝っていただいた。

その結果、二二日の二一時に、翌日二三日朝八時発のフライトを予約することができた。すぐさま半年分の荷物を、約二時間でパッキングした。とはいえ、この時予約したカタール航空のドーハ経由の便は、前日・前々日ともにフライトが欠航になっており、当日の朝まで本当に帰れるのかという不安でいっぱいだった。

〈三月二二日 日記〉

――タイトル：もう何が起きてるのか分からない

――朝六時二四分の地震で目覚めた。まあこれくらいはよくあることでしょうと思ったけどX（ルームメイト）が外へ。さすがに二回目でただ事じゃないなと思った。結局3h外にいろって言われてくそ寒いなか雪の中地震のNews見まくって。もうコロナで中いろって言われて、地震で外出ろって言われて、こんなに悪いことが一気に起こるのかとパニック。フライトだけは……と思ってたら夕方連絡がきて欠航。もうむり。Y（同時期にクロアチアに留学していた日本人の友人）から帰るかもって連絡きて、そこから4~5h日本人みんな巻き込んでパニック。もう二回乗り換えとか金銭感覚とかおかしくなってきて、結局飛びそうにないカタールを三人で予約。まじでもう意味が分からない。でもとりあえずパッキングするしかないからXに手伝ってもらって2hちょいで終了。何捨てたかも分かんないし、お土産ひとつもないし、これでフライト飛ばなかったらどうしようとかもうめちゃくちゃ。状況に感情が追いつかない。結局終わったあともダラダラし、Xがクロアチア来たのダメだったっていうのを励まし、Memories（留学中によく聞いていたEd Sheeranの曲）をきいて前期を思い出して泣いてたらあと2hもねれない。だめだもう。

怖すぎる。悪いことってこんなに一気におこる？　お願いだから飛んで……

無事帰国の途に就いた後も、留学を中断したことは新型コロナウイルスに負けた、甘えではないかという思いをぬぐえなかった。そして、本当にこれが正しい決断だったのかと何度も自問自答した。しかし、無事帰国したことを親戚や友人に報告したところ、「無事に帰ってきてくれてよかった」、「正しい決断だと思う」、「頑張ったね」と声をかけてもらった。そのことで、これで良かったんだと徐々に自分も納得することができるようになった。

〈三月二四日 日記〉**帰国後自宅にて**

――タイトル：もうどこで何日だったか知らん

――寮出る日、朝四時に電気付けっぱなしで寝て、五時にD（友人）のモニコ（日本に住む友人に寝坊しないようモーニングコールを頼んでいた）気づかずねすごすところだった。寒さと緊張でふるえが止まらなかった。調味料ドバドバ捨てるの悲しかった。二七キロのスーツケース一人で持って降りたのすごすぎ（当時寮の四階に住んでいた）。Eさん（現地に住む日本人の方）に（空港まで）送ってもらって今度は風強すぎて飛行機が飛ぶか不安になって。Check-in って書いてあった時にはほんとにうれしすぎた。――中略

――でも未だに何が起きているか分からずアドレナリンだけで生きのびた。日本帰ってきちゃった。案外すぐなじめそう。気持ち整理しよ。

後悔はない

私が今回の経験から学んだことは、緊急事態における意思決定の際には、自分が「どうしたいか」だけでなく、「どうすべきか」という観点から客観的かつ冷静な判断をすることの大切さだ。高校時代からの夢だった留学を中断するという決断をするまでには本当に様々な葛藤があった。もしかしたらすぐに状況は良くなるかもしれない、留学の中断はウイルスに対する自分の負けなのではないかなど、刻々と変わる状況と自分の感情の整理で一杯一杯だった。決断をするにあたっては、多くの人に相談した。その中で気付いたのは、自分の混乱した感情を排除し「どうすべきか」という思考で考えるべきだということだ。そのことに気づいた後は、すぐに帰国という決断をすることができた。ここまで、「緊急帰国」という言葉がちらほら聞こえ始めてから、たった一週間の出来事だった。

今では、この決断は正しかったと胸を張って言える。これは、周りに流されることなく、誰かの言いなりになったわけでもなく、最後は自分自身で決断したからだと考えている。

今の時代は、いつ何が起きてもおかしくない。そんな時代だからこそ、周りを頼りながらも、最後はしっかり客観的な視点を持ちつつ自分で決断をすることが大切であると思う。

〈帰国二日後のＳＮＳへの投稿〉（一部省略）

――もっと早く帰ってきていればこんな目に合わなくて済んだだろうと言われるかもしれません。でも私には考える時間が必要でした。私は今回一週間考える時間があったことで、今はこの選択が正しかったと胸を張って言えます。親も決して強要することなく、私が自分で決断するまで待ってくれました。せっかく頑張って準備してきた留学なのに三ヶ月も早く帰国するなんて、思いもよりませんでした。二時間でパッキングを終わらせた後、日記を読み返したり写真を見返していたら涙が止まらなくなりました。でも今は半年でも普通の留学生活を送れたことがとてもラッキーなことだったんだなと思えます。日々を全力で生きていたからこそ、悔いはあまりありません。ただ友達に直接お別れを言うことも、みんなの喜ぶ顔を想像しながらお土産を選ぶことも、最後に大好きな場所で写真を撮ることも叶いませんでした。非日常が日常になっている今、毎日当たり前のように学校に行けること、友達とご飯に行くこと、旅行に行くこと。普段は当たり前なこと全てが、本当はそれこそが非日常であって、とてもありがたいことだと実感しています。

もう朝学校に行こうと思ったら信号が倒れていることも、ひたすらトラムを待ちぼうけすることも、電子レンジと冷凍庫なし・コンロ一個で料理することも、周りからクロアチア語が聞こえてくることもないんだと頭では分かっているつもりでも、今は一時帰国しているだけでまたすぐザグレブに戻るようなそんな気がしてしまいます。こんなにも別れが惜しい素敵な国に出会えて、たくさんの素敵な人たちに出会えて、本当によかったと思っています。

参考文献

World Health Organization "Croatia" [https://covid19.who.int/region/euro/country/hr]（二〇二二年二月二二日閲覧）

クロアチア

日　付	新規感染者数	状　況
2月25日	1	初めての感染者を確認(イタリアからの帰国者)
3月12日	5	初の回復者
3月13日	0	翌週からのオンライン授業が決定
3月15日	6	クラブやバーの営業時間短縮を発表
3月18日	8	全イベントの禁止、食料品店、薬局、パン屋を除く全商店の営業禁止、カフェ、レストラン、映画館、博物館、劇場などの閉鎖も発表
3月20日	24	初の死者
3月21日	23	路面電車などの公共交通機関運航停止
3月22日	78	140年に一度の大地震発生
3月23日	48	帰国

4章　自分に配慮する

【モンゴル】

カーリー芽里咲

国境封鎖

モンゴル国政府は早いタイミングで、感染対策を目的にした厳しい政策を打ち出した。二〇二〇年一二月末から中国国内での新型コロナウイルス感染者が増加しているのを重くみて「モンゴルも早めの対策を取るかもしれない」という発表をした。冬季休み中の二〇二〇年一月二七日に、モンゴル国政府は中国とモンゴル間の空路および陸路の国境を封鎖した。そして国内の全教育機関を休校にした。小中高校はテレビ・ラジオでのオンライン授業、大学はインターネットでのオンライン授業に変わった。また、多数の人が集まる芸術・文化・スポーツイベントおよび会議等の開催禁止や、飲食店の営業時間短縮を決定した。

二月二八日からは、日本からの航空便が停止された。このため、通常の国際便で帰国することができなくなった。また、中国・韓国・日本・イタリア・イランに過去一四日以内に滞在していた外国人を入国させないことも決定された。このように国境を素早く封鎖するなどの対策を打ち出したからか、新型コロナウイルス感染者は海外からの帰国者のなかに約二〇〇名ほどいたようだ。だが、国内での新規感染者は二〇二一年三月九日までゼロだった。モンゴル国初の市中感染者は二〇二〇年三月一〇日に確認された。きっかけは三月二日にモスクワ発の飛行機で入国したフランス人だった。入国後の隔離期間を無視して風俗店や観光地に長期間いたことから多くの濃厚接触者がいることが発覚した。ここから数人の感染者が確認され、専門病院に運ばれた。このように先進国からの入国者に対して強いコロナ対策を立てないモンゴルの難しい国際的立ち位置が、コロナ対策の課題になっていた。

新型コロナウイルス感染症をめぐる情勢は激しく変化していたため、外国人が正しい情報を得たり、何が起きているのか把握するのはとても大変だった。情報は基本的にモンゴル語のみで、私のようにほとんどモンゴル語が分からない留学生にとっては不安に感じる時間が増えた。

2019年9月30日、ウランバートル市内のチベット仏教寺院。コロナ前の写真。コロナ前は当たり前のように、実際にお坊さんに人生や将来について相談にのってもらっていた。一緒にベンチに座って笑い合っていた日々が本当に懐かしい（永井千聖撮影）

二月から始まる予定だった大学の授業も、オンラインに切り替わった。教育機関や娯楽施設のほとんども閉鎖されたため、家に引きこもる生活になった。もともと冬が長いモンゴルでは、家や寮にいることが多い。このため、新型コロナウイルス感染症の流行前と同じように部屋で音楽を聴きながらストレッチをしたり、日本人数人でラジオ体操をするなどして室内で体を動かす生活をしていた。これまでの生活様式がたまたま引きこもり生活に合っていたので、生活するうえで特に苦労することはなかった。

モンゴルでは、外国人を見かけるのは珍しい。新型コロナウイルス感染症が流行してからは、日本や中国、韓国といったコロナウイルス感染者数が多い国の人だと分かると「コロナ」などと罵る人もいた。先の見えない状態が長く続き、現地の方から罵られることも増えたため、不安や恐怖に苛まれる日々が続いた。

モンゴルに残った日々

モンゴル国が早い段階で国境封鎖をおこなったため、いきなり帰国が困難な状態になってしまった。そしてモンゴル国政府は、海外に住むモンゴル人が帰国できるようにチャーター便の手配を始めた。だが、当時の私は現地での情報を得るのに必死だったし、まだ新型コロナウイルス感染症は中国国内の問題だと考えていたため「まだ帰国しなくても大丈夫だろう」と思っていた。

ＪＩＣＡの青年海外協力隊員やモンゴルで活動しているＮＧＯ職員の方々は早めにチャーター便で帰国していた。「私も帰国するべきなのだろうか」と悩んでいたが、「まだ留学を頑張りたい」、「まだ帰りたくない」と強く思っていたので、チャーター便のお知らせが来ても我慢して「まだモンゴルにいる」と決意した。

国境が封鎖され、なかば鎖国状態になったモンゴル国ではさまざまな行動制限が新たに発令された。政府の新型コロナウイルス感染症対策に関しては怪しい噂や疑わしい情報も流れていたため、私は常に在モンゴル日本大使館や他の留学生に相談して情報収集していた。

2019年9月24日、Тэрэлж（テレルジ）。モンゴルに来て間もないころに訪れたウランバートル市から車で約3時間の場所。今思えば、今の私がいられるのはここが始まりかもしれない（筆者撮影）

私が滞在していた首都ウランバートルでは、寮の門限が早くなったり多くの飲食店が営業時間を短くしたりしていたが、大きなパニックはなかった。私の周りの人々は新型コロナウイルス感染症の流行はすぐ収まるものだと思っていたため、「日本にはそのうち無事帰れる」と考えて普段と変わらず過ごしていた。

その後、日本の所属大学から留学の中止と早期帰国を要請する連絡が来た。しかし、日本行きの飛行機が飛んでおらず、チャーター便が出る予定も無かった。このため、大学に状況を報告すると同時に、日本大使館の方にチャーター便について相談しながら待つ日々がひと月くらい続いた。新型コロナウイルス感染症が世界的に流行したため、モンゴル国政府がさらなる厳重警戒をするということで、より厳しい行動制限がかかった。このため、今まで以上に買い物や娯楽など楽しめるものが減ってストレスを感じることが増えていった。

帰国したくても、当時の私は待つことしかできなかった。待っている不安や恐怖を少しでも和らげるために、毎日家族や友人、モンゴル在住の日本人と電話したり、食事に出かけたりしていた。部屋で何もしないで引きこもると精神的に良くないと自分の中で分かっていたので、とにかく何か体と頭を動かそうと思った。散歩に行ったり日記を書いたりなどして、とにかく不安をかき消すように毎日何かをしていた。また、この頃からマイナス思考にならないように褒め日記を書き始めた。

2020年3月18日、外出制限がある中、時折散歩で行くスフバートル広場（筆者撮影）

〈三月五日〉

——今日は九時半くらいに起きてラジオ体操とストレッチしっかりできたね！

モンゴル語の勉強も朝しっかり一時間集中してできたね‼

モンゴル語の勉強も毎日しっかりやっててえらい。パソコン開いて、インターンリサーチや就活の準備も

できた〜♪

〈三月一五日〉

――今日は洗濯ものの丁寧にじっくり洗えてよくやった‼　買い物も一人でできたよ！

モンゴル語難しいのにしっかり向き合っててえらいよ‼

教科書も少ない中、工夫して自分なりにいつも丁寧に勉強頑張ってるのメチャメチャすごいよ‼

自分の選択は正しかったのか

四月一日のチャーター便に搭乗できるという連絡が四日前に突然届き、大急ぎで帰国準備をした。部屋の掃除から在留カードなどの手続きまで、とにかく市内を走り回った記憶がある。当初、私が乗るチャーター便に外国人は搭乗できないと言われていたので、「どうせ、乗れないのだろう、また次のチャーター便を待とう」と思っていたが、急遽乗れることが決まった。最後の四日間は時間が流れるのが早くて一瞬だった。

私にとってモンゴル留学は勇気がいるもので、モンゴル語が分からなくて毎日不安や恐怖を感じていた。それでもやっとモンゴルが好きになってモンゴル語も分かるようになった時に帰国が決まった。悔しさと安心感といった気持ちが混ざり、涙を流しながら帰国準備をしていたことを鮮明に覚えている。

新型コロナウイルス感染症が流行したために、留学生活の後半は自粛生活になったが、その間ずっと「私の選択は正しかったのか」と自問自答していた。大学生にとって留学は貴重な経験だと思う。特に非英語圏での留学を大学時代に経験することは、今後の人生にも大きく影響するほどのものだと思う。私もモンゴルで貴重な留学経験することができたが、最初から最後までずっと「自分の選択は正しかったのか」と悩んでいた。早期帰国が決まった時も、自分が今まで頑張ってきたことが台無しになったような気分になった。そんな時に日本人の先輩が「僕はメリッサが留学先としてモンゴルを選んでくれて本当にうれしかった。自分が希望していた留学先とは大きく違うし、言葉も文化も知らなくて不安でいっぱいだったと思うけど、僕はそんなメリッサを心から尊敬しているよ」と言ってくださった。私はその言葉を聞いてホッとして、ウランバートル市内の風景を部屋の窓から眺めた。

2020年4月1日、撮影場所：チンギスハーン国際空港（現：新ウランバートル国際空港）。午前3時に起床し、誰にもばれないようにこっそり大使館が用意した車で空港まで移動（筆者撮影）

2020年3月25日、Bluemon center（ウランバートル市内）。寮近くの高層ビルから見たウランバートル市内の夕日・夜景（筆者撮影）

自分への配慮

私が伝えたいことは強い精神力と情報収集の大切さである。モンゴル国政府は比較的早期に国境封鎖をしたり、教育機関や公共施設を閉鎖した。毎日ニュースを見ていても目まぐるしく情勢が変化しており、中には信じがたい情報もあったので何を信じればいいのか分からないことがあった。また、「コロナ」と罵られるなど私にとって外国人差別と思えることも起きる場所では、いかに冷静で忍耐強くいられるかが重要だった。日本大使館や他の日本人に相談にのってもらうことで冷静さを維持することができた。

とはいえ私にとって人生であんなに不安に感じたことはこれまでに無かったし、これからも無いかもしれない。そこまでのどん底を経験して、私の留学は無駄だったのかと言われると、全く無駄ではなかったと思う。留学生活の後半は自粛生活で、当初計画していたことは何もできなかった。だが、自分を見つめ直しその国を知る大事な時間になったので、私はモンゴルに行ったことを一切後悔していない。後悔なんてするわけがない。真剣に本気で挑戦した留学だったし、そこで新型コロナウイルス感染症の流行に巻きこまれた経験も有意義なものだった。

これからは留学に行きにくくなるかもしれない。せっかく頑張って勉強しても留学に行けなくなったり、行ったとしても制限が多くて以前のようには楽しめなくなったりするかもしれない。私の留学も、前半は大丈夫だったが、後半はあまり楽しむことができなかった。モンゴル国はＳＡＲＳやＭＡ

コロナ禍の最初のお正月で書初めで書いた決意。何もかもが事例のない事ばかりで不安しかなかったが、自分を信じて「気骨稜稜」。就職先が決まった今もこの言葉は座右の銘になっている（2020年1月7日、モンゴル・日本センターにて。モンゴル・日本センター職員撮影）

RSを経験したからか、素早く強い対策をとった。それは私にとっては身体的には安全だが、精神的には危険な状況を生みだした。モンゴル国は二〇年ほど前までは社会主義国だったこともあり、政府の強制力は日本より強い。軍用トラックや防護服を着た政府関係者が街中に消毒液の雨を降らしていた。そうした光景は私にはこの世の終わりにも見えた。また、モンゴルは基本的に親日国なのだが、日本人だとわかると「コロナだ！」と罵声を浴びるようになった。正直言って、留学後半は楽しい思い出なんてほとんどなかった。それでも私は後悔のないようにと思い、ギリギリまでモンゴルに残る事に決めた。

　それからは「自分の選択は正しかったのか」と不安になっていたが、決めた自分を信じることが大切だと思う。自分の一番の理解者は自分である。緊急事態に巻きこまれた時には、何より自分自身に対して配慮して欲しい。私はその点を今回のモンゴル留学で強く感じた。このことがわかったので、新型コロナウイルス感染症には感謝したくないが、感謝している。そして、つらかった経験を整理して書くことで、最後はポジティブに捉えられるようになった。みなさんも、自分への配慮を忘れずに留学を楽しんでほしい。

参考文献

在モンゴル日本国大使館 Embassy of Japan in Mongolia［https://www.mn.emb-japan.go.jp/itprtop_ja/index.html］（二〇二一年九月三〇日閲覧）

日本貿易振興機構（ジェトロ）二〇二〇年三月二日ビジネス短信「日本〜モンゴル便の運航を三月一一日まで停止（モンゴル）」［https://www.jetro.go.jp/biznews/2020/03/229f29154fc11371.html］（二〇二一年九月三〇日閲覧）

日本貿易振興機構（ジェトロ）二〇二〇年三月一一日ビジネス短信「モンゴルでも初の感染者、日本便の運航停止は三月二八日まで延長（モンゴル）」［https://www.jetro.go.jp/biznews/2020/03/f6c7247cbb76a721.html］（二〇二一年九月三〇日閲覧）

ルーターズ　コロナウイルス　トラッカー「モンゴルにおける新型コロナウイルスの感染状況・グラフ」［https://graphics.reuters.com/world-coronavirus-tracker-and-maps/ja/countries-and-territories/mongolia/］（二〇二一年九月三〇日閲覧）

SciencePortal China「【20-25】モンゴルにおけるCOVID-19の概況報告」［https://spc.jst.go.jp/experiences/asiaplan/asiaplan_2025.html］（二〇二一年九月三〇日閲覧）

World Health Organization "Mongolia"［https://covid19.who.int/region/wpro/country/mn］（二〇二一年三月一〇日閲覧）

モンゴル

日　付	新規感染者数	状　況
1月27日	0	モンゴル国内の全教育機関を休校とし、小中高校の授業はテレビ、ラジオで、大学の授業はインターネットと実施 多数の人が集まる芸術・文化・スポーツイベントおよび会議などの開催を禁止 通常午前4時までの営業が許可されている飲食店の営業時間を午前0時までに短縮
2月6日	0	中国・香港にいるモンゴル国民が帰国する場合､空路はボヤント･オハー空路検問所（チンギスハーン国際空港）、陸路はザミンウード国境検問所のみ通過を許可
3月7日	0	徹底した早期対策 教育機関は全てオンライン 娯楽施設・飲食店は一時閉鎖 国際線はほぼ全て停止
3月10日	1	モスクワから来たフランス人の感染確認
3月20日	0	フランス人の友人など関係者が何人か感染。しかし、対策や方針は変わらず、自粛生活・オンライン生活
3月31日	0	モンゴル政府が早い段階で海外在住のモンゴル人に帰国要請を出した。数千人が帰国し、帰国便1機につき数人がコロナ感染という状況が続いた
4月1日	2	日本へ帰国 3日連続で日本（東京行き）チャーター便が出発

5章　間違いだらけの緊急帰国

【フィジー共和国】

椋下すみれ

ウェルカムトゥーフィジー

私の留学先はフィジー共和国である。二〇二〇年の春、大学の春休みを利用し一ヶ月半の語学留学に出発した。大学とは関係ない、個人手配の短期私費留学である。

フィジー共和国（以下フィジー）の総面積は四国と同じくらいの約一万八千㎢である。人口は約八九万人（外務省フィジー基礎データ）。フィジー系とインド系の人々が暮らしている。その他に韓国系や日系の方もいる。私が訪れていた期間はジリジリと肌が焼けるくらいの猛暑が続いた。だが、現地の方にとっては、それが当たり前らしかった。

私が生活をしていたのは日本人ばかりの学生寮だった。約三畳の部屋に二段ベッドが二つ置かれて

2020年2月20日、野菜市場。市場は寮の近くにあり、ご飯をつくるための野菜を買いに行っていた。たまに値切ることができる（ラウトカのマーケットにて。筆者撮影）

いた。四人部屋と書いてあったが、物理的に入れない。アリが集まるキッチンに、一本線をえがく滝のような水シャワー、よく詰まるトイレ、手洗いの洗濯場。非日常的で面白かったが、慣れるのに数日かかった。現地でポケットＷｉ‐Ｆｉを手に入れたが、この機械も気分でしか動かない。調子が悪い時は一切繋がらないし、雨が降っている日は一日中繋がらないこともあった。バッテリーの持ちも悪く、おもちゃみたいだった。だが、通信機器がなくても意外と生きていけた。また、フィジーは観光業が盛んで、観光地やホテル街は欧米やアジアからの観光客でいっぱいだった。その一方で街には物乞いで生き延びていく人もいた。私から見たら、フィジーに住む人々はとても「ルーズ」な印象だった。お金にルーズだし、時間にもルーズ。徳島での生活環境とは正反対で、カルチャーショックを受け続けていた。

私がフィジーに着いた二〇二〇年二月上旬には新型コロナウイルス感染症が世界的に流行しつつあったが、徳島やフィジーではまだ現実味がない雰囲気があった。当時、フィジーで感染者は確認されておらず、私自身も新型コロナウイルスが世界中に蔓延するとは思っていなかったため、思う存分楽しんでやろう！と意気ごんでいた。留学中の授業でも、生徒が休んでいたら「きっとコロナウイルスで来られないんだろう」、なんていう冗談で笑えていた。その日常が一変したのは三月一八日だ。この日の夜、私が帰る予定だった三月二四日のフライトがキャンセルになった。キャンセルになった理由には、新型コロナウイルス感染症の影響で乗客が少なくて航空会社の経営が苦しいことや、三月一九日にフィジーエアウェイズのキャビンアテンダントが新型コロナウイルスに感染したと確認されたことの二点が影響していると考えられる。翌日学校に行くと、本来私が帰るはずのフライトが三月二七日に延期になったと聞かされた。さらに、それ以降に日本への直行便は出ない……と。さて、ここからどうするのか。最善策は何なのか。英語もろくに話せない、ましてや危機管理能力0の私の運命やいかに！

アンチよそ者

フライトが延期になったという知らせを聞いた次の日に、新型コロナウイルス感染症の拡大防止のために学校が無期限の臨時休校になった。学校が休みになったら何をしたらいいんだよ！と憤りを感じたが、こればかりは仕方ないと自分に言い聞かせた。その頃に友人が学校近くにあるインド料理屋に食事をしに行った時に、店主に「あなたたちコロナだからテイクアウトだけにして」と言われたという。理由は、「アジア圏からやってきているから」である。その話を聞いた私は、テイクアウトならできるんだとは思ったが…。

フィジーでも新型コロナウイルス感染症患者が確認されたという情報は瞬く間に広がり、にぎやかだった街はシャッター街と化した。早く食料調達しないと、食料が手に入らないのではないかという不安にかられ、私は友人と大きなスーパーに出かけた。現地集合しようと言っていた他の二人の友人は「お前たちはコロナだから乗るな！」と一台目のバス運転手に言われ、次のバスが来るまで待っていたらしい。スーパーに着いてからも困難が待ち受けていた。スーパーに入るまでのわずかな間に、現地の方から何度も「Corona Virus！（コロナウイルス！）」と言われた。悪いことをしたわけでもないのにと、とても嫌な気持ちになった。こうした差別的発言をされることは、ある程度は想定していたが、やはり実際に言葉をぶつけられると精神的につらかった。スーパーの中に入ってみると、普段の一〇倍くらいの人がごった返していた。人々のカートの中は、商品がてんこ盛りになっていて、一～二ヶ月くらいはもちそうな食糧や日用品をのせていた。いつもは野菜コーナーに山盛りに積んである玉ねぎとジャガイモが、あと数個になっていた。だが、その他の品については、思ったほど品薄にはなっていなかった。レジの順番待ちをしている時は、緊張で心臓がバクバクしていた。また差別的発言を受けるのではないか、という不安があったからだ。幸い、無事に会計を済ませることができた。帰りはタクシーに乗ったが、タクシードライバーがまた一癖ある人だった。その日はタクシーを利用する人がたくさんいたのか、売り上げが大変良かったらしい。そのせいか、気分がハイになり助手席に乗っていた私に色目を使ってきたのだ。私はそういったエロい目で見られる経験が今までなかったため、本当に不快だった。タクシー代を少し値切れたため、まあよしとしようと自分に言い聞かせた。このようにフィジーで初めての新型コロナウイルス感染者が確認された日の変化が著しかった。外国人に対する偏見にもとづく差別的発言の対象にもなった。しかし、私が逆の立場だったらどうするか考えると、同じようなことをしてしまうかもしれない。あのように面と向かって暴言を吐くことはないだろうが、避けるような態度をとってしまいそうだ。他人のことを考える余裕がなくなるのは、こういった状況なんだと改めて思った。

混乱

新型コロナウイルス感染者がフィジーでも確認されたという情報は人々を不安にさせた。そして、実はコロナ感染者は五人くらいいるだとか、キャビンアテンダントは全員コロナウイルスを持っているといった噂があっという間に広まった。そして、フィジー初の新型コロナウイルス感染者が住んでいる地域一帯はロックダウンされた。その地域はラウトカというフィジー第二の都市で、同時期に留学していた友人もラウトカ校に通っていた（私は第三都市のナンディにある分校に通っていた）。友人の話によれば、ほとんどのお店が閉まっていて、外出できない状況が続いていたそうだ。私が通っているナンディ校でも、ラウトカから通勤している先生が出勤できないので代わりの先生が来ていたこともあった。寮にいた友人も、どこで情報収集したのか分からないが、もしかしたら延期された二七日の日本便も出ないかもしれないと言っていた。自分が何を信じればいいのか分からなかったし、何を

2020年3月10日、ライブコンサート
（オーストラリア・ブリスベン、筆者撮影）

すればいいのか分からなかった。考えれば考えるほど、マイナス思考が働いてストレスが溜まっていく一方だった。ただ一刻も早く日本に帰りたいとずっと思っていた。

時間が少し戻るが、私はフィジー滞在中の三月七日から一四日まで、オーストラリアに行っていた。この時には新型コロナウイルス感染症が流行しているという情報も見受けられず、現地の方もいつも通りに暮らしていたように見えた。私がオーストラリアを訪れた理由は、好きなアーティストのライブコンサートを見るためである。コンサートは屋内で開催され、いわゆる「密」状態だった。今思えば本当に浅はかな行動をしてしまったと猛省している。オーストラリアは、どこか日本のような雰囲気があって、安心しすぎていた。正しい判断ができなくて、ただ自分の野心を満たすための行動そのものだった。

フィジーに帰国した翌日の三月一五日には、オーストラリアが入国制限を課すという案が報じられ、三月一六日には外国人が入国した際には一四日間の自主隔離をしなければならなくなっていた。事態の展開の速さに驚きが隠せなかった。私のルームメイトが、オーストラリアに行く予定を立てていたが、オーストラリアでもフィジーでも一四日間の自主隔離をしなければいけないことになってしまうため、断念していた。もし、私がオーストラリアに行く日程が少しでも遅れていれば、フィジーへの入国時に一四日間の自主隔離をしなければいけなかっただろう。後先も考えず、行きたい！という勢いで行動に出てしまっていたことを本当に反省している。

ちりつもる不安

私は不測の事態に直面した時に最悪なパターンまで考えてしまう癖がある。もし、このまま二七日の飛行機が出なかったら……誰かに殺されるのではないか、非難の対象になるのではないか、さまざまな可能性を思いつく限り考えた。そもそも私費留学だった私は、大学に渡航届を出していなかった。徳島大学総合科学部では、私用も含めてすべての海外渡航に関して届け出をすることになっていたが、私はこのことを知らなかった。つまり、この時点の私は大学から支援を受ける対象に入っていなかった。そのため、現地に残るにせよ、帰国するにせよ、自分で何とかしなければいけない状況だった。幸いなことに、私が所属しているゼミの内藤先生は海外フィールドワークの経験が豊富な方で、以前から何かと相談に乗ってもらっていた。窮地に陥っていた私は、このときはじめて先生にどうしたらいいか助言を求めた。「一刻も早く帰国した方がいい」。この一言で私は速攻で行動に移った。はじめ、先生が提示してくれた航空券を見た時に、高すぎて買えるわけがないと購入を渋っていた。しかし、その時はまだ事態の深刻さを理解していなかった。

今世紀最大のあやまち

三月二〇日、私は学校を休んで留学先のカウンセリング室（日本人スタッフがいる）にこもって、帰国便を探すためにひたすらスマホの画面を眺めていた。その時に、そこにいた日本人学生の女の子は今日の一四時にオーストラリアに行き、そこからの乗り継ぎ便で帰国する（当時のオーストラリアは入国制限をしていたが、乗り継ぎは許可していた）と言っていた。航空券にいくらかかったのか尋ねたところ、一二万円くらいだと言っていた。そこで、少なくとも一〇万円以上かかることに気づいた。私はオーストラリアでお金を使っていたため、クレジットカードの残高があと九万円しかなかった。このままフィジーに残ることになった場合に現金が底を尽きてしまう恐れがあった。そこで、これまで金銭的に迷惑をかけたくないと思っていた親に援助を求めることにした。

その上で、あらためてどこの国を経由して帰るのが最善なのか、カウンセリング室の方と話し合いながら航空券探しをした。経由国をどこにするか迷った理由は、どこの国も入国制限を設けていたからである。この時点でオーストラリア経由だと乗り継ぎのみ可能（だが、翌日には乗り継ぎも制限されるようになった）、シンガポール経由では指定国以外の外国人は入国可能など、国によって様々だったためである。それも一日で情報がコロコロ変わり、翌日になればすべての外国人の入国を認めないような急展開が起こりえた。最終的には、まだ入国が認められていたシンガポールのチャンギ空港を乗り継ぎ地に選択した。状況は刻一刻と変化するため、在日シンガポール大使館の情報を見たり、電話をかけたりすることで確認をとっていた。

ここで､私は大きな過ちを犯してしまった。経由国までの航空券とそこから日本までの航空券をセットで購入していなかったのである。その時は、一刻も早く航空券を取らなければいけないという一心でフライト検索サイトを探しまわっていたため、とりあえずフィジーから経由国であるシンガポールまでの航空券を購入した。それはフィジーエアウェイズの航空券で、残席が少ないことが分かったので無我夢中で手続きを進めた。私が見ていた時は残席が二席になっていた。フィジーで国際線を飛ばす航空会社は、ここしかない。これはもうフィジー脱出をかけた争奪戦なので、いち早く手に入れなければ……そんな思いで航空券を入手した。その上で、シンガポールから日本までの航空券をANAのサイトから入手した。ANAは日本の航空会社であるため、日本までの便なら飛ぶ可能性が高そうな気がしたし、困ったときの交渉などで何かと便利だろう思ったからである。二〇二〇年三月二〇日時点では､シンガポールも指定国以外からの外国人の入国を認めていたため、もし入国することになっても大丈夫だろうと思っていた。だが、連絡を取り合っていた内藤先生から「航空チケットをバラバラに購入したんですか⁉」と指摘された。私は「シンガポールはまだ指定国以外の外国人は入国できるので、大丈夫だと思いました」と答えた。この時は、経由国であるシンガポールがすぐに入国制限を更新するはずがないと思い込んでおり、バラバラに購入する方が安くすんだため「この買い方で大丈夫、よくやった」と自分を褒めていた。

しかし、私がフィジーを飛び立つ日の三月二一日の午前一時過ぎ、シンガポールは今後入国するすべての外国人に一四日間の自主隔離を要請した（ただし乗り換えは可能）。私の航空券の買い方だと、経由地であるシンガポールに入国しないと乗り換えができない。つまり、このままではシンガポールで一四日間の自主隔離をしなければならない。内藤先生は、こうなる可能性について指摘していたのだ。そして、同じゼミに所属している北野さん（10章執筆）と一緒に、最善策を考えてくれた。

① そのままの航空券で挑み、ナンディ国際空港のカウンターでシンガポールに入国せず乗り継ぎのみで帰国できるように、泣きの演技をして日本までひと続きの搭乗券を発行してもらう。
② 購入したチケットをキャンセルし、改めてシンガポール経由で、経由国までの便とそこから日本までの便とがセットになっている航空券を購入する。

私は英語で込み入った説明ができるほどの語学力がなく、新しい航空券を購入するお金も用意できなかったため、②の可能性はほとんどなかった。そのため、①の空港に行って係の人に頼み込み、シンガポールに入国せずに乗り継ぐことができるように手配してもらう策しか望みがなかった。だが、乗り継ぎの搭乗券を手配してくれる保証はまったく無いため、空港で諦める可能性も考えられた。このとき、私のルームメイトもシンガポールのチャンギ空港まで同じフライトで旅立つことになった。彼女はオーストラリア経由の航空券を手に入れていたが、入国制限が設けられたことにより、シンガポール経由で帰ることにした。彼女が買った時の航空券の価格は約三〇万円。航空券がみるみる高くなっていくのは需要と供給の関係だそうだが、私が買った時のチケットの総額は一四万円だった。もともと帰る予定だったフィジー発東京行きのチケット代金は返ってこなかった。安全に代えられるものなどこの世にはない、飛行機代なんて微々たるものだと自分に言い聞かせた。

三月二一日午前六時、ルームメイトとナンディ国際空港に向かった。空港の中は、欧米やアジアからの観光客で溢れていた。空港内の電気が何度も落ちては復活しての繰り返しで、本当に帰れるのか不安でたまらなかった。シンガポール便の受付が始まり、長蛇の列を約一時間並んだ。カウンターでチェックインをする際に、内藤先生に教えてもらった交渉用の英文例を参考にシンガポールに入国せずに乗り継ぎできるように必死で頼んだ。恥を捨てて泣きの演技をしよう！と思っていたが、自然に涙があふれて、演技する必要はなかった。幸い、受付の方が「大丈夫だよ」と言いながら日本まで通しのチケットを発券してくれた。その時の安堵感は今も忘れられない。絶対に忘れてはいけないことだと思う。大げさかもしれないが、その人の判断に自分の生死が委ねられている気がしたからだ。人生の中で、こんなに必死になって人に何かを頼んだのは初めてだった。飛行機に乗りこむ時に、近くに一人の日本人女性がいて、同じフライトであることを知った。偶然、シンガ

2020年3月21日、チャンギ空港行きのフライトに乗るための荷物検査。人数が多すぎて全然進まなかった。スタッフの方がマスクをしていた（ナンディ国際空港にて。筆者撮影）

2020年3月21日、シンガポールでの乗り換え時のフライト案内表示器（シンガポール・チャンギ空港、筆者撮影）

ポールから日本までの便も私と同じだった。隣に仲間がいてくれることは本当に心強かった。もし、あの時自分一人だけだったら、心折れて語学学校の寮に戻っていただろう。

シンガポールのチャンギ空港に到着し、そのままＡＮＡの飛行機に乗り換えた。大きめの飛行機だったにも関わらず、客数は二〇人程度だった。隣の席が空いていたため、私は三席分のシートを独占して、到着まで熟睡していた。飛行機の窓から「羽田空港」の四文字を見た時、私は心底安心した。無事に日本に着いた……早く家族に会いたいと思った。飛行機での長旅が続いていた私は、東京から徳島までの距離が本当に短く感じられた。徳島空港の出口に母の姿が見えたときは、本当に帰ってこられたんだという実感と、自分には迎えてくれる家族がいるという安心感でいっぱいだった。実家に着いてから、一四日間の隔離生活が始まった。その間、多くの人から帰ってこられてよかったね、というメッセージが届いた。そこで家族や友人を不安にさせていたことを知った。

三月二七日に予定されていた日本までの直行便は、一週間延期された。フィジーに残った日本人の友人は四月三日の飛行機で無事に帰国した。いつ帰れるかわからない状況が続いて本当に不安だったろう。

自分を守るために

今回、私が緊急帰国を経て重要だと思ったことを五つ紹介したい。一つ目は日本大使館の情報をこまめに確認することである。今回のような予期しない出来事が起きて帰国する場合、どの国を経由国として選択すればよいかについては、各国の日本大使館による情報が役に立つ。なぜなら、入国制限などの規制は瞬く間に厳しくなり、気づけばどこにも行けないという状態になりかねないからである。

二つ目は、中継地を経由して目的地に行く場合は、必ず出発から到着までがセットになった通しの航空券を購入することである。私はこの点を軽視して窮地に陥った。しかも窮地に陥っているということに気づけてすらおらず、内藤先生に指摘されて初めて気がついた。航空券の残席数があっという間に減っていく中では、普段のように安さにだけ飛びついたりしてはいけない。冷静になってどの航空券なら確実に目的地にたどり着けるか考える必要がある。

三つ目は海外旅行傷害保険の期限を確認することである。私の緊急帰国はたまたまラッキーだったため実現した。だが、そのままフィジーに居続けることも経由国のシンガポールで自主隔離することもあり得た。その場合には、海外旅行傷害保険の延長が必要になる。東京海上日動やＡＩＧ損害保険の場合は、保険期間内であれば延長が可能である（内藤 二〇二一）。保険なんて意味がないと私はずっと思っていたが、海外では自分ではハンドルできないようなトラブルが起きやすいことを今回身に染みて感じた。備えあれば患いなしとはこのことかと納得した。

四つ目は、サポートしてくれる人とすぐに連絡できる環境を整えることである。私はＷｉ‐Ｆｉに依存する生活をしていたため、携帯電話のモバイル通信データの利用をオンにすると高額の通信料を請求される状況にあった。そのため、なるべく電話は使わずに、したとしても短時間で済ませるようにしていた。日本にいる人と連絡をとるなんてＬＩＮＥ通話で大丈夫だと思っていたが、クレジットカードの限度額の相談やその他お金に関わる連絡を取るときには電話も必要だった。そのためには滞在国で販売されているＳＩＭカードを用いるのが一番良かったのだが、機種変更して間もなかったため、他社のＳＩＭカードを使用できなかった。あの時、日本に容易に電話をかけられるようなプランに入っておけばよかったと後悔している。

そして最後に五つ目は、信頼できる人や海外生活に精通している人によく相談することである。今回は、私費留学で大学にも渡航届を提出していなかったために、司令塔がいない状態だった。そんななかで、ゼミの内藤先生と北野さんは、私が帰国するまでの間ずっと面倒をみてくれていた。私は本当に周囲の方に恵まれていると強く思った。二人には感謝してもしきれない。

全体に通底することは、ただ受け身になっていては何も進まない、相談しながらも自分が行動して初めて帰国というゴールに近づいていく点である。新型コロナウイルス感染症の影響によって、私たちの生活がどれほど大きく変わるのかについて想像することは困難である。留学先の組織による危機管理が不十分だったと言う人もいるだろう。それはその通りなのだが、他方で想定外の事態が発生した時にいち早く情報を得て、いま自分が取るべき行動が何なのか考える癖を身につける必要があると強く感じた。危機的状況の際におこなう判断を誰かに委ねたり、委ねさせたりしない。おかれている状況を誰かのせいにして責めているうちにも、刻々と事態は悪化していく。もしも自分が思い描いていたように物事が進まないときには、即座に別の方法・別の角度から試してみる癖をつけることは重要である。また、危機管理への備えはやりすぎかなと感じる程度がちょうどいいと感じた。

以前の私は面倒くさがりで、ケチで、かつリスクを考えずに行動してしまう人間だった。今回の緊急帰国で、いかに自分が外国で暮らしていくことにともなうリスクを甘くみていたのか痛感した。外国で安全に暮らすことを支えている、無事なときには目に見えないような現実的な側面を考慮すべきである。そのための基礎的な準備（保険や携帯電話のＳＩＭカードなど）をそろえた上で、自分が目的にしていることを楽しめばいいと思う。

新型コロナウイルス感染症の影響で、海外に行くことが怖くなったという方もいるかもしれない。たしかに以前ほど簡単に渡航することはできないし、海外渡航の仕方も変わるかもしれない。だが、異文化を経験することで人生観が変わったり、物事の見方が劇的に変わることがある。私は、そういう経験を多くの学生にもして欲しい。世の中には、実際に経験しないと分からないことも多いからだ。私も、これからもっと色々な国に行ってみたいし、カルチャーショックを嫌というほど受けてみたい。それを通じて、日本の良さに気づいたり、逆に居心地がいい国や地域を発見したりできるかもしれない。生きていることに楽しさを見出せるように。始めるのは自分。もちろん、準備を忘れずに。

参考文献

外務省　フィジー共和国　基礎データ［https://www.mofa.go.jp/mofaj/area/fiji/data.html］（二〇二一年四月二〇日閲覧）

内藤直樹　二〇二〇「グローバル・クライシス時代のフィールドワークにおけるリスクマネジメント――海外フィールドワークからの撤退マニュアル」『月刊地理』二〇二〇年九月号、古今書院、三七―四三頁。

World Health Organization “WHO Coronavirus (COVID-19) Dashboard（Fiji）”［https://covid19.who.int/region/wpro/country/fj］（二〇二二年一月六日閲覧）

フィジー

日　付	新規感染者数	状　況
3月14日	0	オーストラリアからフィジーに帰国
3月15日	0	
3月16日	0	フィジー入国制限（入国者に14日間自主隔離要請） 泥温泉に行く
3月17日	0	韓国料理屋に行く
3月18日	0	帰る予定だったフライトが延期になったという知らせ
3月19日	1	フィジー初のコロナ感染者 街がシャッター街と化す 卒業式。この日以降休校に
3月20日	0	航空券を購入
3月21日	1	フィジー出国
3月22日	0	日本着

6章　フィールドワーク先で暮らし続ける【バングラデシュ】

田中志歩

バングラデシュとのつきあい

バングラデシュ人民共和国（以下バングラデシュ）で、最初の新型コロナウイルス感染者が確認されたのは、二〇二〇年三月八日だった。一月頃から日本の状況が大きく変わっていく様子を友人やニュース等から聞いていた。だが、バングラデシュで過ごしていると、あの頃はまだ生活に何も支障がなかったこともあり「中国や日本は大変なことになっているな」と、どこか他人事に感じていた。しかし状況が一転し、新型コロナウイルス感染症の影響を受ける当事者になるまでに多くの時間はかからなかった。本章では、バングラデシュで新型コロナウイルス感染症の流行が拡大してからの現地生活について、とくに二〇二〇年三月から九月末までの期間に焦点をあてて記述する。

簡単に、私がバングラデシュに滞在するに至った経緯を示す。二〇一二年に初めてバングラデシュを訪問してから、二〇一五年度に日本語教師としてチッタゴン丘陵地帯にある現地NGOで一年間勤め、同時にNGOを設立した。学士課程修了後、修士と博士課程では、バングラデシュの先住／少数民族への教育に関する研究のために、フィールドワークやNGO活動を通じて継続的に関わりをもってきた。本章に関わる滞在の目的はフィールドワークであり、研究ビザでバングラデシュに入国していた。

感染者確認前のバングラデシュ

バングラデシュ国内で新型コロナウイルス感染症が流行する以前、私はビザと研究の関係で何度か国家間を移動していた。二〇二〇年一月下旬には日本への一時帰国もしている。

一時帰国を終えてバングラデシュに戻り、二月に入ってからは時々道端で、「コロナ！」、「チャイナ！」、「チャンチュンチョン（中国語の響きをまねして東アジア人をからかっている声）」と声をかけられたり、日本人同士で歩いているとサッとよけられたりしていた。嫌な気持ちにもなったが、この時期は私もできるだけ明るく振舞うように努めた。揶揄される度に、「こういうことを言われるのはつらいし、バングラデシュの人を嫌いになりたくない。他の東アジア人にもそういうことを言うのはやめてね」という風に説明をしたり、「チャイナ！　チャイナ！　チャイナ！」と激しく言われた場合には、「バンガリ！　バンガリ！　バンガリ！（ベンガル語でベンガル人という意味）」と言い返し、「こうやって言われて嬉しい？　嫌な気持ちになるでしょう？」と説明していた。言い返したり、説明したりすると皆ばつの悪そうな顔をしたり、謝ってくれた。だが、新型コロナウイルス感染症のリスクがバングラデシュ国内でも深刻なものとして認識されるようになったり、新型コロナウイルス感染症の影響で生活が苦しくなった時に、暴力的な手段にうったえる人も出てくるのではないかという危機感を感じるようになっていた。

このような状況ではあったが、日本の大学が丁度春休みに入る時期だったので、二月末までは何人かの友人がバングラデシュを訪問した。その際の空港の対応は、以前と変わらなかった。しかし、隣国インドが二〇二〇年三月四日に、発給済のビザの取り消しに加え、四日以降の発給を一時停止すると発表したことで、在バングラデシュ日本人社会にも緊張が走った。インドに追従して同様の政策が取られるのかについて憶測が飛びかい、情報交換が頻繁に行われた。そして、数日後の三月八日には国内初の新型コロナウイルス感染者が確認された。これを契機に国境を越える移動の制限をはじめ、立て続けに様々な措置が発表され、情勢が変化していった。まず、食料品を扱うスーパーマーケット、青果市場、薬局、病院以外の飲食店や宗教施設、観光地等の閉鎖が決定した。次に、集団感染の対策がとられ、夜間外出禁止例（一八時以降の外出禁止）が出された。そして、三月二五日からは、バングラデシュ全土を対象に、とりあえずの期間を二週間と設定したロックダウンが始まった（ロックダウンはその後何度も延長され、このときには合計七三日間になった）。

ロックダウンと住民の生活

バングラデシュの独立記念日は三月二六日である。例年であれば町中が賑やかだが、今年は全てのイベントが中止された。外出している人がおらず静かで、ロックダウンであるということを嫌というほど感じさせられた。翌日の新聞では、首都ダッカに車が一台も走っていない状態が報じられ、誰もが新型コロナウイルス感染症への恐怖心を抱いた。

ロックダウン中は、全ての公共交通機関、政府機関、教育機関、会社、工場が閉鎖し、経済活動や日常生活が大きく制限された。日本と大きく異なる点は、政府機関や公共交通機関が閉鎖された点である。私自身の危機管理意識が最も高かったのも、ロックダウン開始直後から四月末であった。できるだけ外出しない、まとめ買いをする、近所に住んでいる友人とも会わない。当たり前ではあるが、自粛生活を徹底して過ごしていた。市場で野菜を買うこと、門番（バングラデシュの都市部にはアパートごとに門番がいる）との日常的なやりとり、ゴミ出しなど、全ての行動に全神経を使って気が張っていた。家に引きこもり、静かな生活を送っていた。それは周りも同様であり、ダッカのアパートの前にある小さなスラムの住人、門番、市場の商人、リクシャ（三輪自転車、日本でいう人力車に自転車がついたもの）ひきといった低所得層の人びとに至るまで、一枚約一五～五〇ＢＤＴ（約二〇～六五円）するマスクの着用や、二〇〇㎖で約一五〇ＢＤＴ（約一七〇円）する消毒ジェルの使用を心掛けていた。また、路上でたむろしていた人びとの姿がみられなくなっていた。買い出しのために時々外出すると、門番や近所の低所得者層の人びとから、マスクや消毒ジェルを分けてほしいとお願いされ、少しずつ分けたりしていた。低所得者層の人びとに関しては、布マスクだけでなく、不織布の使い捨てマスクであっても何度も同じものを使用している様子が見られた。

また、町中では、公共交通機関がストップした以外に、三月末から道端やモスクなどに簡易的な水道が設置されたり、新型コロナウイルス感染症対策が絵で分かりやすく描かれたポスターも貼られた。最初は二週間で終わると思っていたロックダウンは、延長につぐ延長が決定された。新型コロナウイルスへの恐怖と、いつこの状態が終了するのかが分からない閉塞感が加わり、町中のいたるところで不満が噴出し始めていた。

未知のウイルスへの恐怖心から、皆が外出を避ける中ではあったが、政府の許可の下、ＮＧＯ等の社会活動は、ロックダウン直後に再開していた。たとえばＢＲＡＣ（Bangladesh Rural Advancement Committee：バングラデシュ農村向上委員会）は、バングラデシュ全土のスラムマップを作成し、ＮＧＯらによる支援活動に活用を促していた。学生団体も多く活動し、ダッカ大学をはじめとする諸大学の学生らが貧困世帯への食料配布や消毒液の製造と配布をおこなっていた。また、政府による生活相談のための緊急電話番号「３３３ヘルプライン」は、新型コロナウイルス感染症に関連した電話相談が、特に貧困者層から増加した事を明らかにした。このため、新型コロナウイルス感染症専用の遠隔医療相談を含む電話相談窓口を新たに開設し、相談のあった家庭への食料援助も行っていた（四月二八日までにヘルプラインは四万六六七三家族の食料援助を実施）。この他に、低所得者向けに食料を低価格で販売する等の動きがみられた。

葛　藤

三月二一日にバングラデシュの空港が閉鎖されたため、帰国は不可能だと諦めていた。それゆえ指導教員とも話して、状況が落ち着くまではバングラデシュで生活することを決めていた。しかし、この決断も四月末に一度だけ大きく揺れた。

私が帰国するかどうかを迷うことになったのは、ダッカ日本人会とダッカ日本商工会によって日本へのチャーター便が出るという知らせを受けた時だった。ダッカから東京へのチャーター便は二度運航された。一度目のチャーター便は四月二日にダッカを出発した。この日は、まだバングラデシュの新型コロナウイルス感染者数は日本よりも少なく、二人だった。一度目のチャーター便で帰国した三七二人はバングラデシュに出張ベースで来ている駐在員の方や、旅行者で帰国ができなくなっていた方、仕事や大学の春休みで一時帰国していたバングラデシュ人の大学生の方等が中心だった。身近な人の中では、バングラデシュとの関わりが長い人ほど帰国しないという判断をしている印象だった。私は指導教員と連絡を取り、これまでのバングラデシュ滞在経験、現地語ができることや頼れる友人がいることを考慮し、無理に移動をして帰国をするよりは、バングラデシュに留まることを選んだ。

ところが、一度目のチャーター便が飛んで間もない四月一六日に、二度目のチャーター便運航の知らせが届いたことで、身の回りの在バングラデシュ日本人の動きが大きく変わり始めた。それに影響されて、私自身も帰国するか否かについて半月ほど悩むこととなった。一度目のチャーター便に乗らなかった日本人には、国際移動は最低でも一か月、もしかしたら夏までは難しいのかもしれないと考えている人が多かったようだ。近所に住んでいる日本人の友人らと、「しばらくはタイやマレーシアへの日本食等の買い出しもできないから、国内で日本食を購入することができるお店を一緒に探して行こう」と話すなど、長くなりそうなバングラデシュでの生活をどのように過ごそうかと考えていた矢先の出来事であった。友人・知人間で「誰が帰国する、誰が残る」といった話が飛び交いはじめ、今回はバングラデシュ滞在が長い駐在員の方々も、会社の判断で帰国をしなければならない状態にあることを知った。私は第一便の時に留まったことに後悔は無く、第二便が用意されたとしても帰国せずにバングラデシュに残ると決めていたが、身近な友人の多くが帰国する事になったので、心細くなってきて決意が揺らぎ、この機会に自分も帰国しようかと悩んだ。

延長するロックダウン期間、いつまで続くか分からない国際便の停止、続々と帰国が決定する在バングラデシュ日本人……チャーター便が出る二日前まで悩みに悩み、在バングラデシュ日本人の先輩方に相談しながら寝られなくなるぐらい悩んだ。確かに医療設備は不十分で、四月に入ってから一日の感染者数が日に日に増えていく、次に帰国できるのがいつか分からない状況や治安が悪くなるかもしれないという不安……冷静に考えれば考えるほど、残ることのデメリットを多くあげることができた。だが、私にとって帰国するかどうかを悩ませていた最も大きな要因は、知人や友人が帰国することによる「心細さ」しか見当たらなかった為、バングラデシュに留まることを決めた。

私がバングラデシュに残ることを決めた要因は、帰国の途中で新型コロナウイルスに感染するリスクを避けることができること、すでに約三年暮らしていた国であること、現地語（ベンガル語）を日常生活や調査活動で不自由なく使うことができること、頼ることのできる現地人や少なくなったとはいえ日本人の友人・知人が現地に多かったことがある。また、博士課程への進学時に生活基盤をバングラデシュに移動していたため、それを日本で再構築することにともなう身体的、精神的、金銭的な負担が大きすぎると感じた。帰国時の帰宅先が地方である為、周囲の人に不安な気持ちを抱かせてしまうであろう事も大きなストレスだった。大学院は博士課程になってからの入学なので、大学周辺の土地勘もあまりない。私にとっては日本よりもバングラデシュで生活する方が日常生活を送りやすいし、何より心穏やかに暮らすことができると考えたからである。

みんなで乗り越えるパンデミック

チャーター機第二便が四月三〇日にバングラデシュを飛び立った後の生活は、想像していた以上にいつも通りに過ぎていった。さみしくないと言えば嘘になるが、半年が過ぎるころには慣れてしまい、あれだけ悩んでいたのは何だったのだろうと感じるほど穏やかに生活することができた。

ただ、五月に入ってからの感染者数の増加には目を見張るものがあった。一日の感染者数がみるみるうちに増えていき、七月には一日四〇〇〇人を超す日もあった。冒頭で述べたように、私自身も五月後半までは自粛生活を送っていた。五月後半になるとダッカ市内で移動する機会が少しずつ増え、ロックダウン解除後に長距離移動（県をまたいだ移動）を再開したのは七月に入ってからであった。

ロックダウンが始まったばかりの三月末から四月中旬ごろまでの一か月間は全ての人々が緊張しながら生活していたが、四月下旬ごろから町の様相が少しずつ変化した。その変化は部屋の中で自粛生活を送っていた私の目に耳に、そして心にも入ってきた。

最初に目に入ったのは「物乞い」の人々であった。普段は大通りにいて、住宅街や近所のバザールにはいない物乞いの人々が、五月に入ってからは人のいる場所を求めて住宅街を回るようになった。私が暮らすアパートにも、毎日たくさんの物乞いの人々がやってきた。障害のある人たち、子どもを抱えるお母さん、小さいこどもたち、スラムの女の人たちがグループになってやってきて、朝から夜にかけて常に誰かの声がしていた。

アパートに向かって「お金を下さい。助けてください。神様、助けてください」と、叫ぶ声が毎日聞こえた。声がかれるまで叫んでいる人も多くいた。私はその声を安心安全な家の中で聞いていた。罪悪感にさいなまれながらも、「私が感染すると色々なところに迷惑がかかる。そもそも全員にお金を渡すことはできない。今できることは自粛することだ」と、言い訳かもしれない言葉を自分自身に言い聞かせて、家の中での生活を続けていた。

五月に入ったある日に買い物に出ようとしたら、時々ベランダから見えていた身体障害のある人たちのグループが私の行く先で、いつものように「お金を下さい。アッラー。助けてください」と叫んでいた。「道は小道。どうしよう、このままいっていいのかな。一回帰ろうかな。お金を下さいと言われるのかな……」そんなことを考えながら足を進めていたら、松葉づえをつく男性が少しずつ私に近寄ってきた。（お金くださいって言われるかな？）と思っていたら「お前！　元気か⁉　ほら、大通りでいつも見ていたよ！　最近見てないけど元気だったんだな！」と声をかけられた。そこで、以前からよく見かけていた人だと気づいて、驚いた。同時に、自分たちのほうが大変だろうに、私のことを心配してくれるやさしさに触れ、自分に余裕がなかったことに気づくことができた。

「少しだけど」と八百屋さんのお釣りの五〇タカ（約七〇円）を渡したら、「ありがとうね」と言われた。その時、私も彼らも笑顔だった。久しぶりに心から笑顔になれた。この出来事をきっかけに、近所の人がやっているように私もできる範囲のことをすればいいんだと気付いた。そして、これまで目を背けようとしてきたことが嘘のように、喜捨することに納得できた。その後は、私も同じアパートや近所の人がやっている支援活動にお金を渡したり、バザールで買った卵や野菜を近所にあるスラムの人に分けたりすることができるようになっていた。

この出来事をきっかけに、自分にできる範囲で支援活動の輪を広げることができるといいなと考え、五月中旬から現地のＮＧＯと自分の団体とで支援活動を始めることを決めた。その結果、日本にいる七二名の方から合計五三万一三三三円のご寄付をいただき、合計一九〇世帯と、二つの女性緊急避難シェルター、一つの学校への支援を実施することができた。

それ以外に印象的だった事は、コロナハラスメントで一度だけ多くの人を巻き込んだ騒動を引き起こしたことだ。私をよく知る近所の人々は、帰国せずにバングラデシュに長期間暮らしていることも知っているので、ロックダウンが始まってからも普段通りに接してくれていた。しかし、ロックダウン後に新しく警備員として近所に派遣されるようになった警備員は、私を見るなり「コロナ！」、「コロナが移動しているぞ！」と、何度注意してもからかってくるようになった。私も極力気にせず、無視をしたり、諭したりしていたのだが、このようなことが一〇日間ほど続いたある日、堪忍袋の緒が切れてしまい住宅街で号泣して「私はコロナじゃない。コロナは病原菌だから見えないんだよ！」と、怒鳴った出来事があった。その時は大家さん、近所のスラムの人、バザールの人々が驚いて集まってきて、私たちの様子を取り囲み、警察まで出動する騒動となった。警察が警備員や近隣の人々に注意喚起をしてからは、近所でコロナハラスメントに出くわすことがなくなった。また、七月に入ると近所以外を歩いていても、「コロナ」や「チャイナ！」などと声をかけられることがなくなった。この頃のバングラデシュはロックダウン以前と変わらない街の様子となっていたこともあり、新型コロナウイルス感染症への危機感が薄れてきていたことの現れかもしれない。

しかし、注意深く見れば感染対策にも貧富の差がありありと出ており、現実を常に突きつけられる。政府施設、デパートや大手ＮＧＯオフィスでは、消毒液の散布やマスク装着が徹底されている一方、バザールの商人、リクシャの運転手やスラムの住民は、そもそもマスクを買うこと自体が経済的な負担であり、暑くて仕事に支障が出る為、つけなくなっている。私が九月に地方（クルナ管区サトキラ県シャムナゴール郡）に行った時に、バザールでの買い物時にマスクを着け忘れたことに気がついて、NGOの宿泊所に取りに戻ったことがあった。親しくなったバザールの商人たちが、私を見つけて「おーい！　ザンブラ（グレープフルーツのような柑橘系の果物）があるよー。買っていきなよ」と、声をかけてくれたが、「少し待ってて！　忘れ物した！」と、徒歩二分の宿泊所に戻った。マスクをつけてバザールに戻ったとき、みんなが「マスクしに帰ったの？　そりゃそうか！」、「みんなもうつけてないもんな。俺たち服で口を覆っておけば大丈夫？」と言わせてしまい、罪悪感でいっぱいになってしまった。本当に必要なら食費を削ってでもマスクを買えばいいとか、暑くても我慢してマスクをすればいいとか正論を探せばいくらでも見つかる。だが、とても蒸し暑いため、マスクをすることで熱中症への危険もあるし、生活も元に戻った「風」なので、低所得者層が感染対策を続けることは難しい。とはいえ彼らも新型コロナウイルス感染症が「終わった」という認識はしておらず、経済的に余裕のある人たちは感染対策を続けているが、自分たちはそれができないと感じているようだった。だから、マスクをつけていない人たちが多くなっているのは、面倒くさいからだとか、新型コロナウイルス感染症への警戒心を忘れたからだけではないということを理解しなければならないと思った。

自分で選ぶことができた今の生活

私がバングラデシュに残ることを決めたのは、まず大学から「絶対に帰国しなさい」という指示がなかったことが大きい。駐在員の方々には残りたくても残ることができなかったという人も多くいた。それゆえ私は自分で選択し決定することのできる状況にあったことを大変幸運に思う。とはいえ、私はバングラデシュであったから残るという選択をしたが、そうでなければ帰国していたと思う。残るという選択をしたため、バングラデシュでの生活は現在進行形で続いているが、自分の判断に少しも後悔していない。きっとその理由は、多くの先輩方に相談したこと、納得がいくまで悩んだこと、そのうえで自分自身の決断ができたことの三つが揃っているからだと思う。私の経験は同じ時期の留学生と比べても特殊だと思うが、人生において何が正解なのか分からない状況で決断を下さなければならない瞬間は誰にでも起きうる。その時に自分で決めることが許されている場合には、誰か／何か（例えば、大学、会社、家族、友人、恋人）のせいにする可能性をできるだけ減らし、自分自身のものとして決断することが重要だと考える。今後も人生の選択をする場合には、様々な意見を聞きながら、自分が何を選ぶのか／選びたいのかを常に念頭において判断したい。

バングラデシュの街はいつも通りに戻ってきているが、多くの人が新型コロナウイルス感染症の流行による影響を受け、生活に何かしらの変化が生じている。教育機関に関してもロックダウン終了後に閉鎖が続いており、いつ再開するかはっきりしない（二〇二〇年九月三〇日時点）。いつまで続くかは分からないが、大好きなバングラデシュで過ごすことができていること、この状況を許してくれている環境に感謝して毎日を過ごしている。これからも健康に気を付けながら、残った者の責任として、新型コロナウイルス感染症が流行するバングラデシュの実態を記録していきたい。

参考文献

World Health Organization "Bangladesh" [https://covid19.who.int/region/searo/country/bd]（二〇二二年二月二三日閲覧）

お昼には閉まる八百屋さん。ポーズを取っているのは門番さん（2020 年 3 月、筆者撮影）

バザールが閉鎖している様子（2020 年 3 月、筆者撮影）

住宅街に物乞う障害者グループの物乞いの方々（2020 年 3 月、筆者撮影）

八百屋さん（2020 年 3 月、筆者撮影）

調査地域のガロ民族の皆さんと一緒に（2020 年 3 月、筆者撮影）

バングラデシュ

日　付	新規感染者数	状　況
3月4日	0	入国者制限・空港での水際対策が開始（中国・韓国・イラン・クウェートからの入国者に対するアライバルビザの発給停止）
3月8日	3	国内初の感染者が出る（イタリアからのバングラデシュ人の帰国者を含む3人）
3月16日	1	入国者制限（国籍を問わずアライバルビザの発給停止）
3月18日	1	全ての教育機関の閉鎖 新型コロナウイルスによる初めての死者が出る
3月21日	7	英国・中国・香港・タイからの商業旅行便を除き、すべての商用便の受け入れの停止
3月25日	0	ロックダウン開始（スーパー、バザール、薬屋、医療関係を除き各種オフィス閉鎖、政府機関閉鎖、モスクなどの宗教機関の閉鎖）
4月23日	414	ラマダン（断食月）が始まる
4月30日	564	4月末頃から、縫製工場が再開し始める
5月6日	790	モスクの条件付き再開（ラマダン中の為礼拝を熱望するものが多かった）
5月10日	887	ショッピングモールが条件付きでの再開（イード時のショッピングの為）
5月14日	1,041	ロヒンギャキャンプで初の感染者（2名）
5月20日	1,617	サイクロン「アンファン(AMPHAN)」が沿岸部を襲撃 新型コロナウイルス感染症イルス下の災害課題
5月24日	1,532	ラマダン終了。イードに入る
5月30日	1,764	ロックダウン終了 SSC（中期中等修了試験）結果がオンラインにて発表

7章　危機の中に価値を見出す

【アメリカ】

高橋知里

実はとんでもないのでは……？

交換留学生としてアメリカ・バージニア州へ留学していた私は、二〇一九年八月から二〇二〇年五月までの一〇ヶ月間の滞在を予定していた。しかし、新型コロナウイルス感染症が流行するなかで、葛藤しながらも自らの判断によって滞在を八ヶ月で切り上げ、二〇二〇年三月二〇日に帰国の途についた。

私の周囲で状況が大きく変わり始めたのは、三月に入ってからだ。その時はひと月もしないうちに日本へ緊急帰国することになるとは全く想像していなかった。ただ、一月末頃から中国や日本で新型コロナウイルスの感染の流行が拡大していることは認識していた。

二月中旬、私は滞在先のバージニア州・スタントンから国内便でボストンに飛び、国際会議に出席した。ボストンへ出発する二日前、母から意外な電話を受け取ったことは今でも印象に残っている。「アメリカで、アジア人に対する暴力事件が多発しているとニュースで見たよ。本当にボストンに行くの？」。当時、新型コロナウイルス感染症の流行地域が中国だからという理由で、中国系をはじめとするアジア系の外見をした一般人が理不尽な暴力やヘイトスピーチの標的にされる事件が起こっていた。母はそれを日本のニュースで見て、慌てて私に電話してきたようだった。結局私は母の心配を知りながらボストンに行ったが、空港や駅で神経を尖らせていたことを覚えている。「アジア人を快く思わない誰かに襲われるかもしれない」という恐怖や不信、周囲の視線に対する過敏な反応を抱えながらの旅となった。

2020年2月に開催された国際会議にて。2020年2月14日〜17日に開催されたこの会議では、中国で新型ウイルスが広まっていることが周知されていたものの通常通り開催された。しかし、中国からの参加予定者は全員受け入れを中止された（マサチューセッツ州ボストンの文化センター、他の参加者撮影）

春休みが明けた三月中旬になると、私の留学先大学でも、ほとんどの会話から「コロナ」、「ロックダウン」、「パンデミック」といった言葉が漏れ聞こえ、誰もが漠然とした不安を抱えて重苦しい空気が漂うようになった。一部には「学校が休みになるかもしれない」と嬉しそうに話す学生もいたが、私をはじめとする留学生は、いつ帰国を命じられるか気が気でなかった。

また、この頃からアジア系の見た目をしていることに、ある種の居心地の悪さを感じるようになった。たとえば友人から次のような話を聞いた。「授業内で新型コロナウイルス感染症の話になった時、アメリカ育ちの中国系アメリカ人の女子学生に対して周囲のクラスメイトが一斉に視線を向けた」という。その女子学生は生粋のアメリカ人であったために、非常に困惑したそうだ。この話は私にとっても衝撃的であり、ウイルスという見えない敵や不確かな情報によって、人びとの不安や不信がかき立てられ、多くの人が惑わされているという危機感を抱いた。

このように、新型コロナウイルス感染症の拡大を通じて、私は自分を「マイノリティ」として強く意識するようになった。アジア系の外見だからという理由で、外を出歩く際に不安を感じたり、以前より堂々と歩けなくなったりした。もちろん、以前と変わらず接してくれる人びとが大半であった。しかし、アジア系であるために差別されるかもしれない、事件に巻き込まれるかもしれないという漠然とした恐怖心や、自分の外見を変えない限りその不安が解消できないことへのもどかしさを感じていた。

大学の制限も次第に厳しくなり、体調不良者は単なる風邪でも授業に出席することが禁じられた。そして、三月一三日には対面授業が打ち切りになり、多くの学生が帰省し始めた。すぐに状況が改善してキャンパスに戻って来ると思い、寮に荷物を残していく人もいた。そのため、この時すぐに帰省してしまい、その後一度も顔を合わせることなく別れた友人が何人もいる。

一変した生活

対面授業の打ち切り後は、ひたすら寮にこもるようになった。決められた時間に大学のカフェテリアで食事をテイクアウトするほかは外出もできず、これまで毎日のように利用していた図書館や教室棟にも立ち入ることができなくなった。この頃から、私は留学の中断と早期帰国という可能性が現実のものとして迫っているのを感じていた。全ての授業がオンラインに切り替わり、アメリカ国内でも新規感染者数が増加する中、大学がこのまま留学生を滞在させ続けるとは考え難いからだ。この時初めて、私は留学先で過ごしてきた一日一日がいかに奇跡とも呼べるほど貴重なものであったか実感するようになった。

新型コロナウイルス感染症の脅威がいかに問題視されているのか、私が鮮明に感じたエピソードがある。対面授業が打ち切りになってから数日後、私は心的ストレスのためか体調を崩して風邪をひいてしまった。これまでも私は過度なストレスを感じた時に体調を崩していたので、今回も同様の現象だろうとあまり気にしなかった。そのため、風邪の症状を和らげる薬をもらいに行こうという軽い気持ちで大学のヘルスセンターを訪れた。ヘルスセンター到着後、スタッフに微熱と喉の痛みの症状を伝えた私は、すぐにマスクを手渡されて奥の処置室のような場所に案内された。部屋で一〇分ほど待たされた後、診察のため現れたナースの姿を見て驚いた。医療用の防護服で全身を包み、マスク、手

予想外の厳戒態勢。風邪を引いたため大学のヘルスセンターに行ったところ、新型コロナウイルスに感染している可能性を疑われ、急遽隔離部屋に移された他、マスクの着用とゴム手袋の着用を求められ、困惑して撮影した（留学先大学の寮の隔離部屋にて、筆者撮影）

袋、ゴーグルとまるで無菌室の作業員のような格好で現れたからだ。しかも、私の症状が新型コロナウイルス感染症の症状リストと合致していないにも関わらず、「念には念を」ということで寮内の個室に隔離されることになった。これには私も動揺し、ただの風邪でそこまでする必要があるのかと憤ったが、今思えばいかに大学側が学内での流行防止に敏感だったかをあらわす出来事だったといえる。この時、たった数週間で留学生活を取り巻く環境が一変してしまったこと、そして人びとの恐れや不安が増大していることに大きな悲しみを覚えた。もちろん、当時「新型コロナウイルス感染症患者かもしれない」という恐れを抱きながらも丁寧に診察に当たってくださった最前線のナースやドクターの方々には、心から感謝と尊敬の気持ちを伝えたい。

状況は日に日に悪化し、米国内でも州をまたぐ道路が次々と封鎖されていると友人から聞いた。封鎖前に一刻も早く家に帰ろうと、また親しい友人が数人キャンパスを離れた。大学に近いダウンタウンでは次々と店が休業し、小さな田舎町は徐々に人影のない閑散とした風景に変わっていった。

帰国の決断

早期帰国は時間の問題だと覚悟を決めていた私だったが、遂に三月一八日の午後、留学先の大学から帰国要請を受けた。連絡を受けたのが水曜日で、大学に指定された帰国便の出発日は同じ週の土曜日だった。アメリカを発つまでわずか三日間しか残されていない。覚悟をしていたとはいえ、突然の事態に戸惑いと悔しさを隠せなかった。その日の夜、部屋で一人泣いた時のことは今でも忘れることができない。留学中に成し遂げようと思っていた目標はまだ達成できていない。「またすぐ会えるよ」とキャンパスを去った友人にも、もう会えない。何より、留学中にお世話になった方々に直接お礼を言えぬまま留学を中断することが不甲斐なくてたまらなかった。よく考えれば、楽しかった留学期間の中で負の感情から涙を流したのは、この一回だけだったように思う。

厳密には、私の留学先の大学による早期帰国要請は、あくまで「自主的に」早期帰国した方がいいのではないかというもので、強制力はなかった。だから、アメリカ国内でも別の大学に留学していた交換留学生は、この時まだ帰国の決断をしていなかった。「他の留学生がまだ帰国を決めない中、自分は本当に帰国していいのか。もう少し辛抱すれば意外とすんなり状況が落ち着いて、問題なく留学生活を続行できるかもしれない」という気持ちがなかった訳ではない。しかし私は、寮に閉じこもっていつ出られるか分からない数ヶ月を過ごすより、キッパリと日本に戻って残り少ない自分の大学生活をどう使うか真剣に考え、外出自粛の中でも起こせる行動を起こすべきだという気持ちが固まっていった。だから今回の早期帰国という決断は、私にとってはある意味でポジティブなものだった。もちろん無念さはあったが、むしろ次のアクションへと自分の頭をシフトさせる、一つの大切なきっかけになったと考えている。

一刻も早くアメリカを離れるべきとの判断から、三日後の三月二一日に帰国するため、大急ぎで帰国準備を始めた。まさかこんなにすぐに帰国するとは思わなかったため、全く荷物の整理をしていなかった。パッキングの時にどれを捨てる、どれを持ち帰るという決断は速かった。この八ヶ月で集めてきた思い出の品を詰め込みながら、「ああ本当に帰るんだな」という感慨とチクチクする寂しさを感じていた。

飛行機が飛ばない!?

私を含む日本人留学生は、全員が同じスケジュールで帰国することになった。フライトが早朝だったため、私たちは前日に大学を出発し、空港から最寄りのホテルに前泊していた。大学を出発する時、留学中お世話になった教授やアドバイザーの方々が見送りに来てくれて最後のお別れをした。

そして二一日の早朝、宿泊先のホテルからシャトルバスで空港へと向かい、チェックインカウンターに向かった。しかしここでもアクシデントが起きた。私たちが搭乗予定だったフライトが急遽キャンセルになり、同日中に同じ目的地へ飛ぶ飛行機がないという。感染拡大の影響でフライト数は徐々に少なくなっており、搭乗客数が少なすぎたり、接続便との兼ね合いでキャンセルする飛行機が増えていた。本当に帰国できるのか？という不安に包まれたが、幸いにも他の空港から日本行きの国際便が運行しているという。私たちは配車アプリでタクシーを呼び、約三時間かけてワシントンD.C.のダレス国際空港まで移動した。国際便のハブ空港であるダレス空港は、マスク姿の人々で溢れかえっていた。マスクを着ける文化がないアメリカでは、異様な光景だ。多くの人が他人との接触回避や消毒に気を遣い、普段の空港と違って緊迫した空気が漂っていたのを覚えている。私たちも常にマスクを装着し、手にはゴム手袋をつけ、手袋を外した後はすぐに手指の消毒をするなど感染防止に努めた。

友人とのさようなら。留学先大学の対面授業が全面中止となり、多くの学生が地元に帰りキャンパスが静まり返った。この写真は、この年卒業する予定の友人が家に帰る最後の夜に、友人宅で遊んだ時の写真（留学先大学の隣にある友人のシェアハウスにて、筆者撮影）

私たちが再予約したフライトはキャンセルされることなく搭乗時間をむかえ、無事に機内に乗り込むことができた。しかし、予定時間を過ぎて一時間ほど機内で待機してから離陸した。機内は極端に人が少なく、乗客は各列に一人しか乗っていなかった。持参した消毒液で座席に備え付けられたテーブルやスクリーン、肘置きを念入りに拭き取った。周囲の乗客も私と同様に、念入りに消毒を行っているようだった。一五時間後に成田空港に到着した時には、飛行機の遅れから乗り継ぎ予定だった国内便に間に合わなかったので、空港近くのホテルで一泊した。帰国までの道中、フライトのキャンセルや予期せぬフライトの遅れに見舞われて心身ともに疲弊しきっていたため、無事日本に到着した時は大きく安堵したのを覚えている。翌朝、国内線と空港シャトルバスを乗り継いで自宅に向かった。

帰国後に一番違和感を感じたのは、この時の日本にはマスクをつけず活発に活動する人が目立ったことである。アメリカ滞在中や帰国途中に感染しないよう用心していた私は、その危機意識の低さに面食らった。「本当に帰ってきて良かったのだろうか」と疑問を抱いたくらいだ。医療保険に加入できる人が限られており、医療サービスに多額の出費が伴うアメリカと、誰もが容易に医療機関にアクセスできて、低出費で治療を受けられる日本の違いを実感した。

周囲への配慮と感謝

新型コロナウイルス感染症の流行拡大による帰国を経験し、留学生という立場は非常事態ではとても不安定で、多くのリスクを背負っていることを実感した。海外に渡航する皆さんには、思った様に身動きがとれない可能性や時には自分の意に反して留学プログラムを中止する可能性があることを認識してほしい。だからといって非常事態時の海外にいた経験も、無事に帰国することができれば必ずしもマイナスなことばかりではない。非常事態だからこそ経験できたその国の空気や人びとのリアルな危機感、あるいは世界史的な動きについて身をもって知ることができる貴重な機会でもある。そのためリスクを過度に怖がらず、でも備えは万全にして、積極的に海外経験に挑戦してほしい。

また、私が無事に帰国できた過程にはさまざまな人の支えがあった。留学先の大学で帰国を促して下さった教授やアドバイザーの方々、フライトがキャンセルされた際に別便のチケットを再発行して下さったグランドスタッフの方々、成田空港到着後にお世話になったホテルスタッフの方々など、数え出したらキリがない。非常事態時は、誰もが未曾有の事態に対応しようと一生懸命頑張っている。だから自分の渡航過程でお世話になった全ての人に感謝をきちんと伝え、たとえ一時の出会いでも危機を共に乗り切っていくことの重要性を感じた。今後の海外経験で思いもよらぬ事態に遭遇した際にも、自分がお世話になった方々や助けて下さった方々への配慮と感謝を心がけたい。皆さんがこれから挑戦する留学経験が、人生にとってポジティブなターニングポイントになることを願って。

参考文献

World Health Organization "Coronavirus (COVID-19) Dashboard (United States of America)," [https://covid19.who.int/region/amro/country/us]（二〇二二年二月二二日閲覧）

アメリカ

日　付	新規感染者数	状　況
2月2日	1	アメリカ国内で初の感染が確認される
3月2日	9	アメリカ国内の累計感染者数が約 100 に
3月7日	78	留学先のバージニア州で初の感染が確認される
3月10日	211	アメリカ国内の累計感染者数が約 1000 に
3月12日	496	留学先大学での対面授業の中止が発表
3月15日	914	政府により 50 人規模以上の集会が規制
3月17日	2,178	アメリカ国内の累積感染者数が約 5000 に 翌日、留学先大学から緊急帰国の要請が出る
3月20日	4,905	翌日帰国

8章　選択の価値づけかた　【キューバ】

須藤ひかる

社会主義国でのパンデミック経験

キューバは一九九〇年代の景観をとどめる社会主義国として知られ、世界中の旅行者を虜にする国の一つである。観光地に並ぶクラシックカーや建造物に加え、食糧の配給制度や格安の交通機関、通信の制限と監視、医療や教育制度の充実など、日本を含む西側資本主義国とは全く異なる世界が存在している。また、誰もが世界史で習ったコロンブスによる新大陸発見の舞台であり、サトウキビ農場を経営するための奴隷制度や、アメリカ・ソ連等の大国によるパワーバランスに翻弄された歴史背景などがある。私は、専攻している平和学、そしてラテンアメリカの文化や価値観について学ぶため、二〇一九年九月から約七か月間（予定では一〇か月間）、交換留学生としてハバナ大学に在籍した。

留学期間中に、社会主義を続けてきたキューバらしさを身をもって実感したのが、新型コロナウイルス感染症が流行したときの国の判断や人々の生活が変化する速度である。帰国をすると決めた後に生じた障壁の数々も、いま振り返ればキューバという国の本質やそこで暮らす人々の価値観を理解する上で、とても貴重なものだったと感じている。

以下では、新型コロナウイルス感染症の流行により社会が変化し始めた二〇二〇年二月から帰国する三月までの約一か月間の自身の経験や日記に綴った心情について記述する。読者のみなさんが、これからも変わり続ける世界のなかで判断を迫られたり、不安や迷いに襲われた時、私の経験が寄り添うことができればと願っている。

留学生の帰国ラッシュと大学の閉鎖

留学中の日記に初めて「コロナ」の文字があらわれたのは、二〇二〇年三月三日のことだった。

〈3 de Marzo〉

――創大では、学友会が、ひとりひとりの就活が、ＶＧが、コロナが大変な中、みんなみんな頑張ってる。私だけ置いてけぼり……とか言ってるヒマない。

自身の力不足に焦りながら、日本の友人を想って自身を鼓舞していた。就職活動やクラブ活動などと「コロナ」を並べて、学生を取り巻く環境のひとつとして捉えていることがわかる。この後の文章には今後の留学計画や目標が書かれていて、日本の「コロナ」を自身の問題とは捉えていなかったことがわかる。だがこの直後から、私の留学は新型コロナウイルス感染症の流行によって大きく翻弄されることとなる。

大学から帰宅したある日、部屋に入るとイタリア留学生のEleが不安そうにスマホを見つめていた。数日前から、テレビニュースを見て世界は大変だ、怖いね……と話していたが、彼女の出身国では早くから感染者が増加し、家族から伝えられる状況も極めて深刻だった。日に日に悪化するイタリアの状況を知るたびに、Eleは自国の現実と、離れた地で何もできないでいる自分とのギャップに大きなストレスを感じていた。私も日本のことが心配だったが、家族から知らされる日本の状況を自分事として捉えることは難しかった。部屋にいるとEleのパニック状態に緊張してしまうため、下の階のキューバの友人と過ごす時間が癒しと安心をくれたことを覚えている。

三月一一日になると、友人たちの間では新型コロナウイルス感染症の話でもちきりだった。翌日、日本大使館からのメールを確認すると、それはキューバ西部の都市トリニダードで初めての感染者が確認されたという情報だった。イタリア人観光客四名に呼吸器系の症状がみられ、うち三名の感染が確認されたという。この日を境に、街の人々の様子が変わり始めた。外を歩く人々が皆、マスク代わりにバンダナやハンカチを顔に巻くようになった。それ以前は、私がマスクをして街へ出ると、アジア人＋マスク＝コロナ感染者のように見られていたので、これでマスクをしても安全に過ごすことができると、どこか安心したことを覚えている。だが、主な交通手段として使われるバスは日頃から日本の満員電車のような状態だったため、人々は「コロナがハバナに入ってきたら、感染を防ぐことはできないだろう」と話していた。

〈13 de Mar 16:00〉

——何が起きてるんだろうか。コロナウイルスの影響で周りの友、留学生が動きまくっている。——国の判断、決断が直接影響している今、わからない。どう動くことが正解なのか、私は自分で考えられていないのか（それは確かなんだけど）。ここが平和で身近に感じられないのは確か。どうなっていくのかわからない。

三月一六日、ヨーロッパの留学生たちが次々と帰国判断を迫られることになった。当時、イギリスからの留学生のクラスに参加していた私は、前日の一五日まで彼らと西部ピナル・デル・リオでの旅行を楽しんでいた。これからもっと交流を深めていきたいと思っていたため、イギリス政府がロックダウンを発表したことを受けて九人中七人が帰国すると聞いた時は、本当にショックだった。ルームメイトの Ele もイタリアがあと四日でロックダウンするため、帰国するかどうかの判断を迫られていた。まわりの友人が帰国することは、新型コロナウイルス感染症の影響を身近に感じるきっかけとなった。彼らが落ち着いて帰国の途につく様子から、同郷の友の存在の大きさを最も感じたのはこの時であった。

フライトの減便とロックダウン

皆を見送る立場だったが、二〇日にはついに自分も泣く泣く帰国の決断をすることとなった。

〈20 de Marzo.〉

——日本への早期帰国を決めた日。——後ろ向きな判断じゃないかな、勿体ない決断かな、「交換留学生」として決断できたかな、胸張って帰れるかな、何か出来たのかな私。色んな不安がまとわりついてる。

日本大使館から送られる感染者情報やフライト状況、各国の空港閉鎖状況から帰国を考えるようになったが、最終的な判断につながった要素は次の三つだった。それは①日本の空港が閉鎖されて帰国できなくなる可能性、②キューバの状況が変化して物資不足等の生活環境の悪化が起こる可能性、③参加予定だった大学行事である。しかし、帰国の決断は非常に苦しく、両親や日本にいる友人、他国に留学中の友人、ハバナ大学の先生など、多くの人と話す中で徐々に心に落とし込んでいった。とくに担当教員であるDianaの「心配しないで。いま大事なのは家族と無事にいること。これからの人

ハバナ大学在学中に滞在した学生寮（2020年3月27日、筆者撮影）

生で機会はまだ沢山ある」という言葉には救われた。また、留学初期から親交を結んでいた、寮の別階で暮らすキューバ人の友人に帰国することを話した際には涙を流して抱きしめてくれ、寂しさと愛情を心から感じた。

航空券の予約は、両親に電話をして予約してもらった。それはキューバのインターネット事情が複雑で接続状況が悪いこと、そして出国日の有事に備えてデータ通信量を節約しようとしていたことによる。事前購入していたパリ経由の便をキャンセルし、新たに東京行きのチケットを探すこととなった。乗り継ぎ時間や日程等を考慮して、モスクワ経由のアエロフロートを購入した後、Whats Appで送ってもらった搭乗券のデータを印刷屋でプリントしてもらい、準備をした。また、経由するロシアのネット事情や連絡手段なども事前に調べておく必要があった。そのため、帰国までの期間は、いつも以上に両親に助けてもらうこととなった。

二〇日には「二四日より居住者以外のすべての外国人の入国を禁止する」という発表があり、キューバ人の視点からすれば少し安心する雰囲気があった。だが、数日後には州をまたぐ交通機関の運行を停止するという発表があり、街は再び慌ただしい雰囲気に変わった。地方からハバナ大学へ来ていた研修生は急遽帰宅を決めたものの、交通手段がなくなり非常に困惑していた。さらに寮内の友人から、大学が閉鎖されることに合わせて寮（写真）を出なければならないという情報を得た。先生に確認したところ、留学生は滞在を続けることができるとのことだったが、寮のスタッフからは出ていくように言われるなど、情報が錯綜していた。

留学期間中に最も恐怖を感じたのは、寮の移動指示が出たときである。なぜなら、移動先に指定された寮はデング寮とあだ名されていたからだ。このあだ名は、Eleとその友人の留学生たちが滞在していた経験による。私が滞在していた寮は、マレコン通りに面する二〇階建てのコンクリートビルで、入寮しているのはハバナ市外出身の理系学部学生や大学院生だった。基本的に留学生は近くにある別の寮に入ることになっていたが、私は特例だったようだ。Eleたちがもともと住んでいた寮は、トイレの扉がなかったり、上の階のゴミが窓から入ってくるなど生活環境が悪く、最後には同室の留学生四人中Eleを含む二人がデング熱に罹ってしまった。そのため大学に直訴して引っ越してきたとのことだった。この壮絶な経験を聞いていたため、寮を移動する指示を受けた時には血の気が引いた。出国の前日にデング熱に感染したくない……残り一日を平穏に過ごしたいという思いから、一日だけ今の寮での滞在を延長してもらえるよう、学長にお願いをした。今思えば、学長に直接訴えた自分の度胸に驚くが、役職の高さと距離感が全く比例しないキューバの特徴がよく現れているエピソードだと思う。学長の連絡先は、留学初期に「困ったことがあればいつでも連絡して」と手渡された名刺に書いてあったが、この時に初めて使うこととなった。

再び迫られる決断

出国当日は、寮に残った数少ない友人や寮職員に見送られ、タクシーで空港へ向かった。空港までの間は、名残惜しさと家へ帰るさわやかな気持ちで風景を動画に収めていた。空港に近づくと、運転手が突然きまり悪そうに「二〇〇mくらい手前で降ろすから歩いて行ってくれないか……」と言った。当時、コロナ禍において一般のタクシーなどが外国人を乗車させることは禁止されていたため、彼は空港近くで見つかってしまうことを危惧していたようである。これまでのよしみで乗せてくれたことに感謝し、タクシーを降りた。両手に合計約四〇kgの二つのスーツケースを持って空港入口まで歩いて向かうのは、寮の停電中に一八階まで階段で上り下りした経験を超えるハードさだった。途中で荷物を運んでくれた道端の青年には感謝している。空港に到着すると、売店やチェックインカウンターのほとんどが閉まっているフロアで、アエロフロート航空のカウンター前だけに長い列ができていた。チェックインの時間となりカウンターの目前に来た時、スタッフが「搭乗させられない」と言っているのが聞こえた。なんと急遽、ロシア人以外の乗客に対する搭乗拒否命令が出たのである。その場の空気は一変し、急いで電話する人、スタッフに訴える人、あちこちで起きる口論……と騒然としていた。そんなことあるわけがない、と息をのんでいた時、カウンター近くの一人が「トウキョウ」という言葉を発したことに気がついた。話しかけてみると、奇しくも私と同じルートで帰国予定だった外国人のVさんだった。彼は日本にいる奥さんに会いに行くところだったらしく、私が日本の留学生と知ると周囲の状況をその都度やさしく教えてくれた。その後、カウンター裏のスタッフルームに向かい、詳細を聞きに行った。そこには同じ状況の人々が押しかけており、ロシア大使館に抗議するよう訴えたり、代わりの便を準備するよう説得したりと、騒然とした雰囲気の中で全員が解決策を模索していた。手だてがないと判断したVさんは、別便の予約が取れるまでは知り合いの民泊に滞在すると決めたようで、私にもその方法を勧めてくれた。私はVさんについていくか、寮に戻るか、他の便に乗るか、その後の行動を決めるために両親に電話をかけて現状を伝えた。両親は日本時間では夜中の二時にもかかわらず代わりの便を探してくれた。

その時、運命的な出会いによって私は帰国することになった。それは日本人五人グループとの出会いである。そのうち一人は、以前知人のコンサート会場で顔見知りになっていたため、打ち解けるのに時間はかからなかった。彼らは、モスクワ便が搭乗不可になったにもかかわらず、困惑する様子はなく、すぐに移動し始めた。わけを聞くとこのような状況下ではキャンセルが多発するため、事前に複数の便を予約してきたという。最後の頼みの綱はアメリカ経由だといい、今なら追加でチケットを購入できると教えてくれた。すかさず電話で親と先生に連絡した。先生は

ホセ・マルティ空港の手前の道路でタクシーを下車したようす（2020年3月27日、タクシー運転手撮影）

ホセ・マルティ空港でチェックインカウンターに並ぶようす。搭乗予定のアエロフロート航空以外はすでに欠便のため閉鎖（2020年3月27日、筆者撮影）

慌てて「アメリカに渡ってはだめだ」と強く忠告した。それは当時のアメリカの流行状況から感染を危惧していたためだった。改めて帰国か滞在かの判断に迷ったが、両親との電話で「予測不可能な状況でも手段があるうちに帰国しよう」と最終的な判断をした。

その後は目が回るような速さであらゆる関門を潜り抜け、何とか搭乗までこぎつけることができた。タクシーで別のターミナルへ移動し、アメリカ入国のために移動中に急いでＥＳＴＡのオンライン申請をし、荷物を預け……。出国審査では「あなたはもうキューバへ戻らないか」と何度も確認をされた上で、最後には「今後は観光客として三〇日間しか滞在できません」と伝えられて学生ビザを没収された。留学では戻ることができないと思うと非常に名残惜しかったが、承諾しなければ出国できないと聞いていたため、指示に従った。

アメリカでの新たなハプニング

窓からキューバの赤茶色の荒野を見つめながら飛び立ち、静かにヒューストン空港に着くと、人が

成田空港に到着し、新型コロナウイルス感染症の検閲に並ぶ長蛇の列
（2020年3月28日、筆者撮影）

ヒューストン空港にて中国に向かう乗客のようす（2020年3月27日、筆者撮影）

いない異様な広さの審査場での入国手続きとなった。ここでも新たな問題が生じた。入国審査カウンターで止められ、スタッフが手をあげて警備員を呼んだのだ。誘導されるまま、端の警備室に連れられ、数十分も質問されることとなった。入り口には頑丈なダイヤル錠がついており、しばらく奥で待つように指示された。その間、私のパスポートを見ながら二人の係官が何やら話し込んでいた。私は奥で待ちながら、落ち着こうと自分に言い聞かせていた。しばらくして先ほどの二人が来ると「キューバに何をしに行ったのか」、「なぜパリ経由で帰国する予定があったのか」などの質問を何度もされた。私はパニックになりながらも、後ろめたさは何もないため堂々と説明しようとした。しかし七か月間スペイン語しか使っていなかった私にとっては英語で説明することは非常に難しかったため、スペイン語が話せる人を連れて来てもらうようお願いをした。そして、その人に向かって自身の留学目的と帰国に至った経緯を話す中で、思いがけない形ではあるが自身の語学力の集大成が発揮されたと感じたことを覚えている。その後なんとかパスポートを返却され、無事に戻ると五人が心配しな

がら待ってくれていたことにとても安堵した。その時には、キューバとアメリカの関係悪化を象徴する出来事だと思っていたが、今思えばフランス渡航歴の有無によって新型コロナウイルス感染症のリスクを判断したり、キューバ出国の際にＥＳＴＡの申請手続きをギリギリに済ませていたことに対する質問だったのかもしれない。

その後は、ロサンゼルス便、成田空港便とスムーズに乗り継ぐことができ、日本への到着をもって私の留学は終わった。帰国までの期間に、新型コロナウイルス感染の危険を身近に感じる事はなかったが、その深刻さを知ったのは成田空港で検疫を通過した時だった。

留学を終えて思うこと

帰国までのめまぐるしく変わる状況のなかでは、自身の判断が正解かどうかを確認できる解答があるわけではなく、ひたすら翻弄され続けていた。この経験を通して感じたことは、次の三つである。①隣にいる人との共感と情報共有、②情報とそれに対する想像力、③選択を正解にできるのは自分自身であるということである。

①は特に、日本人グループとの関わりの中で強く感じた。今回のように予測困難な状況で、率直な気持ちを言い合ったり、何が起こっているか情報共有をすることは、精神的な安定や「どうにかできる」というポジティブな思考に繋がっていた。また、②キューバ滞在中と同様に帰国中も新型コロナ

ウイルスに感染するリスクを感じる事はあまりなく、自身の危機管理能力の低さと想像力不足を感じた。帰国途中にアメリカの空港で防護服に身を包む乗客を目にしたときにも、「そんなにしなくても……」と引いて見ている自分がいた。また、成田空港では検疫のために三時間並んだが、その際にも事の深刻さを完全には理解しきれずに過ごしていた。③そして、今振り変えると、結果的にすべての判断で良い選択をしていたと感じられる。もちろん最初に帰国するという判断をしたことをはじめ、その時々で自身の選択が「正解」なのか非常に案じていた。しかし、いかなる選択をした場合でも、そこで最善を尽くしていくことの方が重要だということを学ぶことができた。帰国後には、本来は留学していたはずの残り三か月間を取り戻すかのように語学と大学の勉強に勤しみ、帰国してから五日後にはオンラインでの大学生活に復帰した。ノンストップで充実した留学・大学生活を送ることができたのは、数々の場面で手を差し伸べてくれた人たちのお陰である。改めて感謝の言葉を申し上げたい。これからも、何が起こるかわからない世界の中であなたや私の選択が、時間がかかっても、たとえ後から振り返える形であっても、正解になるように願っている。

参考文献

在キューバ日本大使館「新型コロナウイルス関連情報」[https://www.cu.emb-japan.go.jp/itpr_ja/covid19.html]（二〇二一年五月四日閲覧）

World Health Organization "WHO Coronavirus（COVID-19）Dashboard（cuba）" [https://covid19.who.int/region/amro/country/cu]（二〇二二年一月六日閲覧）

キューバ

日　付	新規感染者数	状　況
2月18日	0	空港の水際対策強化 大学授業
3月11日	0	国内初の感染者(在キューバ日本国大使館発表) 大学授業・友人と外食
3月20日	6	「24日から外国人の入国禁止」発表 大学授業 帰国決断
3月21日	0	国内初のコロナ感染死亡者
3月23日	0	「24日から大学･寮閉鎖、旅行客の外出禁止」発表 寮から一斉退去命令 キューバ人学生：一斉帰宅 留学生：他の寮へ転居指示
3月24日	24	ヨーロッパ留学生：一斉帰国
3月27日	10	キューバ・ホセ・マルティ空港出国 急遽アメリカ・ヒューストン乗り換え
3月28日	13	急遽アメリカ・ロサンゼルス乗り換え
3月29日	39	日本・成田空港到着

9章　日本も安全とは限らない

【マレーシア】

岩﨑真夕

コロナ危機は突然に

新型コロナウイルス感染症が流行しているとはいえ、せっかくの留学中。予定を中止するなんてもったいない……。つい数時間前まで頭の隅にあった甘い考えは、夕方のニュース速報で打ち砕かれた。二〇二〇年三月一五日、私は翌日から始まる一週間の大学の長期休暇を前に、外出を取りやめるかを決めかねていた。留学していたマレーシアでも感染者は出ていたが、欧州などに比べるとその数は微々たるものだった。おまけに、翌日からはマレーシアで最後の長休み。訪ねたい場所もたくさん残っていた。

ところが、夕方に現地紙「The Star」が速報した感染者数を見て、そんな気分は吹き飛んだ。

一九〇人。前日までは三〇～四〇人程度で推移していたことを鑑みると、急増といって良い人数だった。SNSでは、すでに現地の友人らが投稿した真偽の定かでない情報が渦巻いていた。政府の公式発表がマレー語で行われることもあり、マレー語での投稿も目立った。そんななか、私を含めてマレー語の分からない外国人は正確な情報を思うように得ることができないでいた。留学先で突如訪れたコロナ・パニックのなかで、私はひとり取り残されたような不安と孤独を味わった。そんな経験を踏まえ、本章では緊急事態時における情報収集に焦点をあてる。

留学先のサンウェイ大学(サンウェイ大学提供)

私は二〇一九年八月から二〇二〇年四月までの八ヶ月間、マレーシアのクアラルンプール郊外に位置する私立大学、サンウェイ大学に私費留学をしていた。留学の目的は、外国人労働者の受け入れ国、送り出し国の双方で彼らの生活環境やNGOを通じた支援方法について学ぶためだった。留学を考えたきっかけは、二〇一八年秋の入管法改定をめぐる報道を受け、日本の外国人労働者受け入れ態勢に問題意識を抱いたことだった。そこで、アジアの外国人労働者を多く受け入れているマレーシアへの留学と、日本に多くの労働者を送り出しているベトナムでのインターンシップを計画した。

マレーシアでは大学の授業を受けながら、外国人労働者を支援するNGOでボランティアをしたり、外国人労働者にかかわる企業の担当者にインタビューしたりしていた。そして今回のパンデミックがなければ、五月から二ヶ月間、ベトナムの報道機関でインターンシップを行うはずだった。留学計画を中断することになり、帰国を決定するまでには様々な葛藤があった。以下では、その際の心境や実際の相談先、帰国方法について詳述する。

本論に入る前に、マレーシアにおける新型コロナウイルス感染症の感染拡大状況を確認する。国内で初めての感染者が確認されたのは、二〇二〇年一月二五日である。その後、三月上旬までは感染者数の増加が緩やかだった。感染拡大の契機となったのは、二月二七日から三月一日に首都クアラルンプール近郊のモスクで開かれた、イスラム教の礼拝集会である。国民の六割をイスラム教徒（外務省二〇一七）が占めるマレーシアでは、一万六〇〇〇人が礼拝に参加した。海野（二〇二〇a）によると、集会ではいわゆる三密（密集、密閉、密接）状況ができていたという。宿泊には大勢が大きなテントを使い、食事は同じ皿などでシェアされることもあったそうだ。またモスク内も人と人の距離が近く、頻繁に握手なども交わされていたという。そうした状況下で、集団感染が発生した。

礼拝集会からちょうど二週間後の三月一五日、突如一九〇人もの感染者が確認されたのを皮切りに、連日一〇〇人以上の新規感染者が発生した。その六割以上は礼拝集会の関係者だった。翌一六日にはムヒディン大統領が「行動制限令（Movement Control Order: MCO）」という事実上のロックダウン政策を発表した。一八日から二週間、スーパー、コンビニ等を除くほぼ全ての業種や教育機関を閉鎖し、正当な理由のない外出も禁止された。国内を感染拡大の危険性別に四つに分け、最も危険とされる「レッドゾーン」では、食料も配給制にするなど厳戒態勢を敷いた。

行動制限令は結局三度延長されたが、これらの対策が功を奏し、四月一五日以降は感染者数が二桁で推移するようになった。五月四日には感染者封じ込めに成功したとしてほぼ全ての業種で再開が許可された。そして七月末には、マレーシア人の海外渡航を除くほとんどすべての制限が解除された。

パンデミックで一変した日常

国内初の感染者が確認された二〇二〇年一月二五日以降の最初の変化は、店頭からマスクと消毒液が消えたことだった。一月二八日付の「The Star」がマスク・手指消毒液不足を報じているように、現地でマスクや消毒液を手に入れるのは困難となった。私もその頃付近の薬局を何軒も回ったが、結局見つけることはできなかった。特徴的だったのは、留学生の友人からマスクが手に入らないという声が多く聞かれた一方で、現地の友人たちは WhatsApp（マレーシアで最も多く利用されているＳＮＳ）やフェイスブックで情報を交換するなどして、マスクを確保できていたことだ。現地ではネットショップやＳＮＳ上でのマスクの高額転売や詐欺の横行が問題になっており、ネットでの購入もためらわれた。結局、私は現地の友人を頼って情報をもらったり、マスクを分けてもらったりすることができた。現地人同士の情報網に、その土地に住んで数ヶ月程度の外国人が入り込むことは困難だった。それゆえ、現地に信用できる友人・知人を持つことがいかに大事か痛感した。

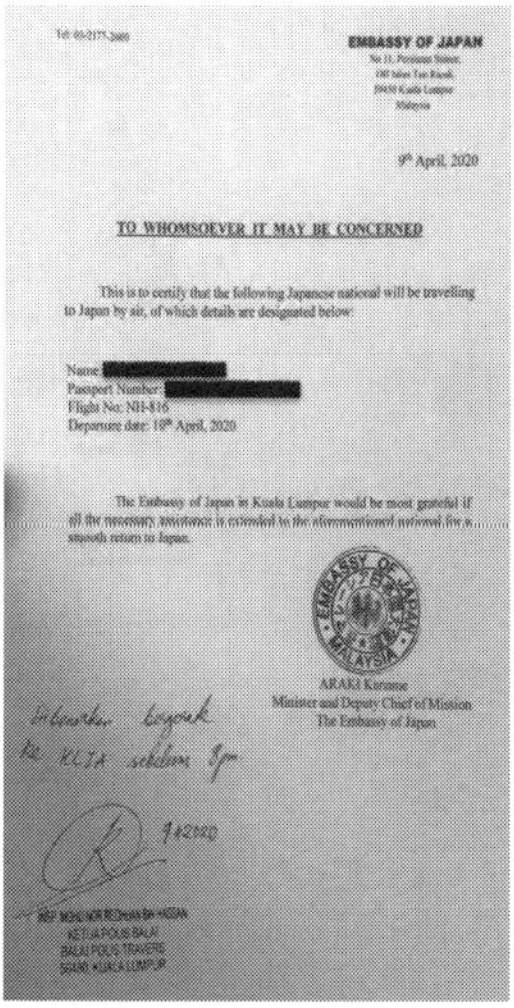

EMBASSY OF JAPAN

9th April, 2020

TO WHOMSOEVER IT MAY BE CONCERNED

This is to certify that the following Japanese national will be travelling to Japan by air, of which details are designated below:

Name: [redacted]
Passport Number: [redacted]
Flight No: NH-816
Departure date: 10th April, 2020

The Embassy of Japan in Kuala Lumpur would be most grateful if all the necessary assistance is extended to the aforementioned national for a smooth return to Japan.

ARAKI Kazuma
Minister and Deputy Chief of Mission
The Embassy of Japan

MCO で交通制限がかかるなかでの帰国のため、日本国大使館名義で発行してもらった証明書。実際には現地の警察内での情報共有がなされていなかったためにサインをもらうのに苦労し、他の帰国者が取得した証明書の写真を見せて発行を依頼した（スバンジャヤ、2020 年 4 月、筆者の知人撮影）

MCO 発出中は寮内のプールの使用が禁止された。ジムやキッチン、勉強スペースも閉鎖された（スバンジャヤ、2020 年 3 月。Sunway Monash Residence フェイスブックより）

MCO 発出中に寮内カフェテリアに掲示された注意書き。営業は持ち帰りのみ、支払いは現金不可などと書かれている（スバンジャヤ、2020 年 3 月、筆者撮影）。

感染者が急増した三月一五日を境に、周囲の様子は一変した。まず、マスクを着用している人の割合が増えた。それまでは大学構内や公共交通機関内を見渡しても、マスクの着用者はせいぜい一〜二割程度だった。ところが三月一五日の報道後は、マスク着用者の数が九割程度までに上昇したように感じた。一八日からは行動制限令が敷かれ、私が滞在していた学生寮 Sunway Monash Residence 内にあったジムやプール、共用キッチンなどが全て閉鎖された。加えて、レストランでは事前予約が必須となり、支払いはカードか電子マネーのみとなった。店内のテーブルや椅子は全て片付けられ、テイクアウトのみ利用可能となった。コンビニでは入店時に非接触型体温計を用いた検温と手指の消毒が必須となった。人との距離を保つためのラインも寮内の各所に引かれた。行動制限令が発表されてから、瞬く間にこうした対応が取られた。

大学の対応も迅速だった。行動制限令を受けて休校となったサンウェイ大学では、一部の学部で一週間以内にオンライン授業を開始した。私が所属していたＡＤＴＰ（American Degree Transfer Program）でも、四月七日からオンライン授業に移行した。その間に先生方はカリキュラムを大幅に組みなおし、授業の準備を進めてくださった。行動制限令は当初三月三一日までとされていたが延長を重ね、その度に期末テストの日程や学年歴を変更する連絡があった。大学の休校についてはＳＮＳ等で様々な憶測やうわさも目にしたが、大学の決定・連絡が素早かったため、学生としては大きな混乱は感じなかった。

このほか、マレーシア社会に生きる人々の緊急事態への適応力には驚かされた。行動制限令が発令された直後から、飲食店や雑貨店などの中には宅配サービスを始めるところもあった。なかでも国を挙げて利用が推奨されたのは、東南アジア版のUber EatsのようなサービスGを提供する、Grab FoodやFood Pandaだった。これはスマートフォンのアプリで料理などを注文するとドライバーが配達してくれる宅配サービスで、平時からじわじわと普及していたものの、行動制限令に入ってからあっという間に誰もが知るサービスとなった。先述したように私が滞在していた寮では共用キッチンの使用が禁止されたため、学生の多くもこうしたサービスを利用していたと思われる。

行動制限令（Movement Control Order）

マレーシアにおける行動制限令は、いくつかの段階ごとに実施された。最も多くの人に適用されたのは、三月一八日から五月四日まで実施された以下の行動制限令だ。

（一）外国人渡航者の入国禁止。
（二）マレーシア人の出国を禁止（但し、外国人の出国は可能）。海外から帰国後、健康検査及び一四日間の隔離が必要。
（三）公立及び私立学校を閉鎖。大規模集会は禁止。礼拝施設及び商業施設は、原則閉鎖（日常必需品を販売する店舗は除く）。
（四）民間企業は、水、電気、エネルギー、通信、郵便、輸送、灌漑、放送、金融、保健、薬局、清掃、物販、食料供給を除き閉鎖。
（五）特別な場合（具体的には、公務、必要不可欠なサービスの営業、ドライブスルーや持ち帰り及びデリバリーによる食料の供給、食料や日用品の購入、医療を受ける又は保健省医務技監により許可された特別な場合）を除き、移動（外出）を禁止。

（六）三月二五日から全ての公共交通機関の運行時間は午前六時から午前一〇時、午後五時から午後一〇時に限定。

※行動制限令下の主な規制事項。（一）～（五）は三月一八日から、（六）は三月二五日から有効。在マレーシア日本大使館ＨＰ掲載情報より。

加えて、制限が一部解除された五月四日から六月九日までは、「条件付き活動制限令（Conditional Movement Control Order: CMCO)」が実施された。逆に感染者が多い一部地域では、強化された活動制限令（Enhanced Movement Control Order: EMCO）が実施された。外出は一切認められず、非居住者や訪問者の立ち入りも制限される最も強い制限である。二〇二〇年七月までには、感染拡大の抑制に成功したとして、こうした制限は一旦解除された。

帰るも残るも一長一短

帰国の判断については非常に思い悩んだ。率直に言って、私は帰国したのが良い選択だったのか、今でも分からなくなることがある。帰るも残るも、一長一短である。私の経験を通して、もしあなたが帰国の選択を迫られたらどうするか、考えてみてほしい。

帰国について最初に意識したのは、マレーシアで行動制限令が施行された三月一八日だった。同日にはＪＩＣＡの青年海外協力隊員が全員帰国になったとのニュースも目にし、帰国が急に現実味を帯びてきた感があった。なお、私のように所属大学に届け出て留学している場合、最も頼りになるのがグローバル推進室の職員だった。私は真っ先にグローバル推進室の担当者にメールで相談した。内容は、こちらの状況の報告と受給していた奨学金継続についての質問だった。そこから、実際に帰国した四月一二日まで、多い時にはほとんど毎日のようにメールし、親身に相談にのっていただいた。

三月一九日には、横浜市立大学から「新型コロナウイルス感染拡大に伴う緊急一時帰国等について（通知）」という帰国要請が発出された。大学のプログラム等を通じた海外渡航中の学生への帰国ならびに今後の渡航中止を求める内容である。背景としては、一八日に外務省の海外安全情報の指標が全世界でレベル一（十分注意してください）以上に引き上げられたことがあるようだった。この海外安全情報は様々な海外派遣事業などで指標とされている。レベルは四段階あり、新型コロナウイルス感染症感染拡大により、中国、欧州、米国の一部地域などにはいち早くレベル二（不要不急の渡航は止めてください）以上の危険情報が発出された。また、三月三一日には全世界の海外安全情報がレベル二（不要不急の渡航は止めてください）以上に引き上げられた。この指標は、留学奨学金の支給要件にもかかわってくる。私が受給していた官民共同留学制度「トビタテ！留学ＪＡＰＡＮ」でも、安全情報がレベル二となったことで、奨学金が中断する事態となった。私は金銭的に余裕がないなかで留学していたこともあり、留学の継続がかなり難しい状況となった。

グローバル推進室の担当者とは、Skypeでもやり取りをした。そのなかでは、「帰国要請」の背景には「万が一現地で感染してしまった場合、まともな医療が受けられない」という事態への懸念があることを伺い、「帰国したいと思った時には既に手段がなくなっていた例もあり、帰れるのならすぐ帰るべき」、「大学から派遣された学生はあなた以外みんな帰ってきている」といった助言もいただいた。このほかに頂いたご意見も勘案した上で、帰国を検討することとなった。

しかし、大学からの要請や奨学金の停止を受けてもなお、私はすぐに帰国の決断を下すことはできずに家族に相談した。そして家族からは、現地滞在の了承を得た。それには、次のような理由があった。

（一）空港などの移動中や、感染者増加中の日本での感染リスクが高いこと
（二）マレーシアでは、行動制限令の徹底など感染拡大対策がしっかりなされていること
（三）大学寮での滞在や食料が保証され、ライフラインが確保されていること
（四）帰国後、再度マレーシアに入国して留学を継続することがかなり困難であること
（五）自身の海外旅行保険で、入院など医療費が高額になった場合も、金額無制限の対応が可能であると確認済みだったこと

（六）外国人が治療を後回しにされた例がないことをマレーシア日本大使館に確認済みだったこと
（七）帰国するためには、高騰している航空券のほか、二週間の自主隔離費用や実家への交通費を含め、数十万円の費用が掛かること

以上の理由を大別すると、感染予防・安全面での懸念、留学継続への思い入れ、そして金銭面での不安の三つになる。まっさきに頭に浮かんだのは、今回のパンデミックでは「日本も安全とは限らない」という点だった。私は三月一七日から帰国日直前まで、大学の寮から一歩も外に出ず、ほとんどの時間を自室で過ごしていた。それでも生活ができるほどに、留学先での生活環境は整っており、かつ安全に学習を続けられる状況にあったからだ。例えば、現地ではマレーシアの高等教育省から留学生を含む寮滞在者全員に食費補償があった。一日当たり一五リンギット（約三八〇円）を支給するもので、外食しても一食二〇〇円程度で満腹になるマレーシアでは十分な金額だった。早い段階でそうした支援策が打ち出され、しかも「外国人だから」と差別しない姿勢には安心感を覚えた。また私が帰国を検討していた三月下旬から四月上旬頃は、日本でも感染者が増えていた。マレーシアでは二週間以上人との接触を断っていたことから、「わざわざ感染のリスクを冒してまで、今帰国する必要があるだろうか」という考えもあった。

留学の中断を諦めきれない気持ちも強かった。サンウェイ大学では翌月に対面での期末試験を予定していた（四月二日に期末試験もオンライン実施に変更）。毎日必死で勉強してきたのに、試験も受けら

れず、これまで自分がやってきたことが無駄になってしまうかもしれない。ボランティアをおこなっていたNGOでの活動も、これから成果を出そうというときだった。現地で強い思い入れを持って取り組んできたことが、中途半端に終わってしまう。それも、お世話になった人たちや友人に、挨拶の一言もできずに帰国することになるのかと思うと、やりきれなかった。

加えて、金銭面での心配もあった。平時と違って帰国の航空券は高騰しており、日本でも自費で二週間の自主隔離を求められていた。公共交通機関の使用も禁止されていたが、関東には成田空港までの迎えを頼める親戚や知人はいなかった。おまけにマレーシアでの行動制限令の影響で、飛行機に乗るには空港に前泊するしかなかった。これらにかかる費用を合計すると、ざっと計算しただけでも、二〇万円程度は必要になりそうだと分かった。もちろんこうした事態には安全が最重要であり、金銭面を問題にすべきではないのかもしれない。それでも、筆者にとっては少なくない金額だった。

結局、私は四月一二日一五時頃に成田空港に到着する便で日本に帰国した。帰るか、帰らないかの判断はすぐに下せず、一度帰国しようと決めても、翌日にはやはり帰るべきでない、と思い直すことも何度もあった。毎日現地と日本の状況が目まぐるしく変化していく中で、どちらの選択が正しいのかがどんどん分からなくなる感覚があった。最新の情報を集めながら帰国について考えることは精神的にも負担が大きく、夜眠れなくなることもあった。

そんななかで、私は以下のような方法で情報を収集していた。私の利用した媒体を、情報発信のスピードが早い順に四つ紹介する。

(一) 学生や知り合い同士のネットワーク

最も素早く情報が回ってきたのは知り合いのネットワークだった。特にありがたかったのは、首相がマレー語で会見をしたときに、大まかな情報を訳して教えてもらえたことだ。行動制限令の更新についてや留学生の扱いについてなど、少しでも早く知りたい情報については翻訳をお願いすることもあった。現地の公用語に明るくない場合には、こうしたネットワークの存在は特に重要である。ただし、情報の信ぴょう性には十分注意が必要だ。非常時には流言やデマが流れやすく、私も出所の怪しい情報を何度も目にした。

(二) 現地英語メディアでの報道

次に情報が早いのは、現地英語メディアでの報道である。緊急事態が起きたときのために、速報が入るプッシュ通知機能の活用をおすすめする。筆者は現地紙「The Star」のニュースアプリを活用していたほか、ウェブメディア「Malaysiakini」の Twitter アカウントの通知も入るように設定していた。なお、情報が錯綜するなか、マレーシアでは教育省と国家安全保障会議が正反対の声明を出したこともあった。「留学生の帰国を禁止する／推奨する」と相反する声明が公的な機関から発表されたのだ。現地メディアの情報を利用する際も、必要に応じてどの政府発表に基づいて書かれた記事かを確認することが重要だ。

（三）現地日本語メディアでの報道

日本人に関係の深い情報を優先的に流してくれる点で、非常に助けられたのが現地の日本語メディアである。行動制限令の和訳や注意事項なども確認でき、日本の家族などに現地情報を伝える際にも役立った。マレーシアでは週刊フリーペーパー「MTown」が早くから特設サイトを立ち上げ、迅速な情報発信をしていた。なお、（二）と同じく、情報が錯綜している時期においては、情報のソースを確認することも重要だ。

（四）日本国大使館の情報

最も信ぴょう性が高く、必ず確認すべきなのが日本国大使館の情報である。「たびレジ」に登録しておけば情報がメールで配信されるため、重要な情報を見逃さないように確認が必須だ。筆者は行動制限令などの正確な和訳や、帰国時に必要となる書類の情報を得る際に活用した。

上記の方法で現地情報を集めるとともに、日本の新聞のデジタル版も確認し、最新情報を集めるよう努めた。そこで得た情報と、グローバル推進室、留学先大学の担当者、家族の助言を考慮した上で、帰国時期を決定した。帰国を決断する際には、四月二日にサンウェイ大学が試験を含め全てオンラインで実施すると決定したことも大きな要因となった。

イレギュラーだらけの帰国

帰国を決めてからは、帰国便の予約、寮の解約、通行証の取得、マレーシアの空港付近で前泊するホテルの手配、二週間の自主隔離場所の手配、成田空港から自主隔離場所への移動手段の確保といった作業を短期間で進めることになった。その際最も気を付けたのは、インターネット上の情報を鵜呑みにしないことだ。例えば、ネット上のホテル予約サイトでは「予約可能」になっている宿でも、電話して確認してみると営業していない場合が多くあった。また、ホテルから空港への荷物輸送サービスについても、当日の日系旅行会社のTwitter投稿では「利用可」となっていたが、実際には利用できなかった。社会全体が想定外の事態への対応に追われているなかで、こうした混乱は致し方ないことであろう。私の場合は、ホテル、警察、帰国後に利用するハイヤーなど帰国にかかわる企業や機関には全て電話やメールで直接問い合わせて確認を取った。

ここからは、実際に帰国した際の空港での様子や検疫体制について、私の経験をもとにまとめる。当日の大まかなタイムラインは表1の通りである。

行動制限令の規定により午前六時以前に移動ができなかったため、帰国の際は空港直結のホテルに宿泊した。泊まったのは日本人旅行客も多い「サマサマホテル」。日系旅行会社が宿泊日にTwitterで発信している情報によると「バギーサービス利用可」とのことだったが、実際には稼働していなかった。しかし荷物が多かった私は、当日知り合った日本人帰国者の妊婦さんが利用していたバギーに同乗させてもらえることになり、なんとか空港に到着した。空港内は閑散としており、早朝だったこともあって見かけた人は同じ便に搭乗する日本人らしい人がほとんどだった。

機内に乗り込むと、乗客は三つのグループに分けられた。①国際便乗り継ぎの人、②公共交通機関以外の交通手段を確保でき、自宅待機する人、③それ以外の人である。その順番で一〇人ずつ呼ばれ、空港内の検疫所に案内された。なお、飛行機を降りた後は、待機場所に移動するまでこの一〇人グループで行動した。移動・待機の際も、他の人との間隔を十分にとれるよう配慮されていた。

検疫では、まず配布された書類に記載されている内容と、待機場所が確保できているかを確認する問診のようなものがあった。その後体温等を測られ、ＰＣＲ検査へ。一〇人全員終わるのに三〇分くらいだったと記憶している。一〇人全員が検査を終えたら、預け荷物を取りに行き、待機場所に向かった。待機場所では、軽食や水が提供された。その後は、空港付近のホテルで検査結果が出るのを待つことになった。二〇、三〇人ほどがそろってからバスで待機場所のホテルへ移動した。座席がビニールで覆われ、運転席と座席の間もビニールカーテンで区切られた感染対策用の車両であった。ホテル到着後はバスの中で説明を受け、各々部屋に移動した。

検査結果がでるまでは原則として部屋から出られなかったが、一日三食のお弁当が提供された。また、検査や待機の費用は一切かからなかった。三日目の朝七時二〇分頃に陰性との結果が知らされ、自主隔離の場所に移動することになった。隔離場所としては都内マンションの民泊を利用した。

Airbnbを利用し、海外帰国者であることを了承してもらった上で予約した。現地へは、「帰国者用ハイヤー」を利用して移動した。参考までに、帰国に際してかかった費用の概算も添付する（表2）。

表1　帰国日の1日の流れ

5：30	現地空港入り
7：10	離陸
14：20	着陸→順番に空港へ移動
16：35	空港へ移動（一番最後の組だった） →検疫所にて、問診、体温測定、PCR検査
17：10	PCR検査終了、しばし待機
17：20	入国審査、預け荷物の回収、税関通過
17：50	待機場所に移動
18：10	バス乗車
18：30	ホテル着、車内で説明を受ける
18：40	夕食を受け取って各自部屋へ

表2　帰国に際してかかった費用の概算

KL－成田航空券代	48,000
成田－大阪航空券代	7,100
マレーシアホテル前泊代	14,700
民泊滞在費用（14日間）	38,000
ベトナムビザ代	19,000
ベトナム航空券・民泊キャンセル代	42,000
その他移動費（成田－自主隔離場所等）	33,000
マレーシアで買い置きしていた食料代等	10,000
合　計	211,800円

情報は海外生活の命綱

以上が、私が留学先で新型コロナウイルス感染症パンデミックに巻きこまれた経験のまとめである。感染拡大後の急激な社会の変化、帰国を決めるまでの葛藤、実際に帰国した際の状況について、時系列的にできる限り詳しく記述した。これら全ての段階において最も重要な要素だったのが、情報だった。日本でも新型コロナウイルス感染症の感染拡大初期には様々な情報が飛び交ったが、私の感覚では、海外滞在時には知るべき情報の量が段違いに多くなる。現地メディアやＳＮＳでも不確かな情報が蔓延する中で正確な情報を得るには、平時から信頼できる情報源を確保しておく必要もあるだろう。私たちの教訓を活かし、今後渡航される皆さんが最後まで安全に活動を終えられることを願っている。

参考文献

海野麻美　二〇二〇ａ「マレーシアの窮状が示す集団行事の巨大リスク　たった一カ所の集団感染が国を揺るがしている」東洋経済オンライン［https://toyokeizai.net/articles/-/339462］（二〇二〇年七月三〇日閲覧）
海野麻美　二〇二〇ｂ「マレーシア「日本を追い抜いた」感染抑制の成果国境封鎖に加え地域ごとの厳格な管理を徹底」東洋経済オンライン［https://toyokeizai.net/articles/-/345587］（二〇二〇年七月三〇日閲覧）
外務省　二〇一七「マレーシア基礎データ」［https://www.mofa.go.jp/mofaj/area/malaysia/data.html］（二〇二〇

年七月三〇日閲覧）

在マレーシア日本大使館「【新型コロナウイルス】マレーシア政府による活動制限令の実施」〔https://www.my.emb-japan.go.jp/itpr_ja/my_seigen.html〕（二〇二〇年七月三〇日閲覧）

マレーシア高等教育省　二〇二〇年三月一八日「SOALAN LAZIM (FAQ's) PERINTAH KAWALAN PERGERAKAN (MOVEMENT CONTROL ORDER) KEMENTERIAN PENGAJIAN TINGGI」〔https://www.perlis.gov.my/images/dokumen/covid19/faq-kpt.pdf〕（二〇二〇年七月三〇日閲覧）

Malay Mail　二〇二〇年三月一八日　Ministry: Students, including foreigners, must stay put, banned from travelling home even if tickets purchase〔malaymail.com/news/malaysia/2020/03/18/national-security-council-students-including-foreigners-must-stay-put-banne/1847882〕（二〇二〇年七月三〇日閲覧）

The Star 2020.1.18. Face masks, hand sanitiser sold out in KK (updated)〔https://www.thestar.com.my/news/nation/2020/01/28/face-masks-hand-sanitiser-sold-out-in-jb-kk.〕（二〇二〇年七月三〇日閲覧）

World Health Organization "Coronavirus (COVID-19) Dashboard (Malaysia),"〔https://covid19.who.int/region/wpro/country/my〕（二〇二二年二月二三日閲覧）

マレーシア

日　付	新規感染者数	状　況
3月16日	190	夕方のニュースでマレーシアの感染者数が190人になったと見て、慌ててスーパーに向かう。スーパーは既に人でごった返していた。数日分の食料などを買うため、夕方と夜に2度買い出しに行った。
3月17日	125	再度スーパーに向かう。野菜ジュースやヨーグルトなど、前日重くて買うのを断念した生活用品を購入。 夜10時頃、ムヒディン首相が「行動制限令（MCO）」を19日から発令すると発表。事実上のロックダウンである。友人たちと夜中までマレー語での演説の英語版や日本語版などの情報を交換した。
3月18日	120	私より1セメスター早く同大学に留学に来ていた日本人学生が急遽帰国を早めることを決めたため、仲間内で荷物の整理を手伝った。
3月19日	117	MCOが施行され、正当な理由のない外出ができなくなった。以下、筆者が気付いた変化を記述する。大学寮内のレストランの営業はテイクアウトのみ、支払いは電子マネーのみとなった。入り口には消毒液が置かれ、列に並ぶ際の間隔を示す位置を示す線も引かれた。寮内のコンビニでは、入店時に体温測定と消毒をされるようになった。共用設備のキッチン、ジム、プール、勉強スペースも閉鎖された。寮オフィスの営業時間も大幅に短縮された。大学に直通の出入口は閉鎖され、寮に住んでいる人以外は寮内に立ち入れなくなった。寮の2階は海外から入国したばかりの人を隔離するフロアになり、24時間ガードマンが見張るようになった。それまではあまり見かけなかったマスク姿の人が9割位になった。 ニュースで、JICAの青年海外協力隊員が全員帰国になったと読んだ。 横浜市立大学グローバル推進室にメールで留学継続について相談した。現状を伝え、気になっていた奨学金継続について質問した。
3月20日	110	日本時間のこの日、グローバル推進室から「新型コロナウイルス感染拡大に伴う緊急一時帰国等について（通知）」が出された。大学のプログラムを利用して留学や研修で海外に滞在中の学生は1週間以内に帰国するようにという内容だった。 →「自分で決めた留学なのに、なぜ自分で帰国するかを決められないのか」と悶々とする。マレーシアのほうがよっぽど日本より感染拡大防止対策をとっているのに。 サンウェイ大学に私と同じ「トビタテ！留学JAPAN」を利用して留学中の日本人学生がいたため、大学とどんなやり取りをしているかを聞いた。その友人のゼミの先生は大学の副学長をしていて、現地滞在の方が安全だからと大学側と交渉してくれるようだった。

日　付	新規感染者数	状　況
3月21日	130	この後数日間、毎日のように大学とメールでの交渉を続ける。埒が明かない。日ごとに状況も変わる中、帰国する・しないの判断も揺れる。
4月1日	140	日本の大学からSkypeで話そうと提案がある。
4月2日	142	グローバル推進室の担当者2名とSkypeで面談をした。メールで相談していたことを再度確認したうえで「新型コロナウイルス感染症は数ヶ月で収まる話ではないので、帰れなくなる前に帰国して日本でできることを考えた方が良いのではないか」といったアドバイスをいただいた。一方で「大学の制度を使って留学しているんだから、こういう指示に従っていただけないと困る」「3月19日付けの勧告は実質強制帰国の意味。こちらも、すぐにでも強制帰国の通知を発行できる準備はある」「大学から派遣された学生はあなた以外みんな帰ってきている」という話もあった。 面談を受けて、連日帰国について情報収集をし、周囲とも相談をしたうえで「帰らない方が良い」と判断した自身の気持ちを軽んじられているような気がした。Skypeを切ってから、悔しくてベッドに倒れこみしばし茫然とした。
4月3日	208	この後の数日間、日本とマレーシアの感染状況をみて帰国するかさらに考える。
4月9日	156	最終的に帰国を決めた日。ホテルの予約など準備に追われる。
4月10日	109	パッキングや警察に通行証を取りに行く作業に追われる。
4月11日	118	パッキング
4月12日	184	パッキングと友人たちへの荷物の引き渡しのため大慌てで過ごした。日本行きのANA便は朝7時台のものを除いてすべて欠航しており、空港付近の他のホテルは、MCOのため休業しているか、送迎サービスを休止していた。そのため、翌日の飛行機に搭乗するには前泊する必要があり、17時頃に寮を出た。MCO中で車がいなかったせいだろう、普段なら50分ほどの道のりが35分くらいで到着した。
4月13日	153	早朝のANA便で日本に帰国。

10章　「ただしさ」の狭間をさまよう　【ケニア・イタリア】

北野真帆

世界をめぐる留学の終わりに

新型コロナウイルス感染症には、世界中の人びとが揺さぶられ続けている。私もそのひとりだ。私がコロナウイルスに揺さぶられる日々が始まったのは、二〇二〇年二月中旬のケニアだった。

私は「トビタテ!留学JAPAN」の奨学金を利用して大学を休学し、二〇一九年度の約一年間に韓国・ネパール・イタリア・ケニアを訪れ、イタリア発祥のスローフード運動の手法を活用した世界農業遺産の保全に関するインターンとフィールドワークをおこなった。スローフードとは、ファストフードの台頭に対抗して、カルロ・ペトリーニ氏が一九八九年に提唱し、北イタリアの田舎町ブラではじまった草の根の市民運動である。いまでは世界一六〇カ国に広がり、それぞれの土地に根付いた伝統的な食文化や食材を見直し、保全しようとしている。

私は新型コロナウイルス感染症が流行し始めた二〇一九年一一月〜二〇二〇年二月までの期間には、ケニアでフィールドワークをおこなっていた。そのあとゼミの課外授業として二〇二〇年二月末から二週間ほどイタリアのサルデーニャ島に滞在し、三月一二日に帰国した。このため、帰国時のクリティカルな決断や航空機等の手配については指導教員がおこなってくださった（13章）。このため帰国プロセスそのものに関しては安心できたが、これまで揺るがないものと信じていた飛行機のキャンセルが多発したことや各国の検疫や入出国管理ポリシーが刻一刻と変わることに対するショックは大きかった。

本章では留学中につけていた日記をもとに、ケニア滞在中の経験からロックダウンをしたイタリア滞在および帰国を経て、大学での学びを再開するまでの生活を振り返る。その中で、私はどのように行動し、何に困り、どう考えたかを書き記す。

新型コロナウイルス感染症とスティグマ（ケニア）

留学も終盤にさしかかってきた二〇二〇年二月中旬のナイロビで、私は新型コロナウイルス感染症の脅威を意識しはじめた。日本ではダイアモンド・プリンセス号の集団感染で騒然となっていたものの、それ以外の感染者の数は全国でも五〇件未満だった。また、ケニアで新型コロナウイルス感染者

2019年1月に指導教員の調査地にて、ラクダの乳搾りをする筆者（内藤直樹撮影）

が初めて確認されたのは帰国後の二〇二〇年三月一二日だった。にもかかわらず、二月のケニア国内でパンデミックを意識する瞬間があった。二月中旬の数日間、私はナイロビ在住の日本人宅に滞在していた。その時に、新型コロナウイルス感染症の発生源とされた中国からやってきた人びとへの差別や攻撃が過激化しているらしいという噂話を耳にした。そして、日本人を含めたアジア系全体が攻撃の対象にされるのではないかという不安がささやかれていた。私はこの時はじめて、新型コロナウイルス感染症の影響について意識するようになった。

それから数日後に、私はナイロビを出発し、ケニア北部に向かった。そこには指導教員のアシスタント・J氏が住んでいる町がある。二〇一九年に初めて指導教員とともにケニアを訪問した時から、彼の家でお世話になっている（写真）。この地域には、ウシとラクダに依存した牧畜民が多く暮らしている。J氏のご家族も牧畜を営んでいるが、彼自身は町の診療所の所長として勤務している。今回の滞在では、生物医療の知識と牧畜民の文化的な身体・疾病観との間を、J氏がどのように「翻訳」しているのかについて知りたいと思い、ケニアでの滞在期間の最後にホームステイをした。

滞在中の夜はJ氏と一緒にビールを飲んだ。「今日はこんなニュースがあるよ」と中国における新型コロナウイルスの感染状況に関するニュースについて話したことを覚えている。話ながら、「君はもうすぐ『そっち側に』帰って行くのだね」という感じで、帰国後の安全を心配してくれていた。と同時に、「自分たち牧畜民が暮らしている場所は世界から隔絶されているから平和だ」と冗談めかして言っていた。私もその雰囲気に安心しきっていたのかもしれない。

ある日、彼の仕事の都合で県庁所在地に行くことになった。そこはJ氏の診療所がある町と違って、ガソリンスタンドが立ち並び、中層ビルがたくさん建っている「都市」だった。そんな都市の風景に圧倒されながらバス停に到着すると、ラウンドアバウトでお客さんを待つバイクタクシーのお兄ちゃんたちに、突然「コロナ！　コロナ！」と叫ばれた。

——言われた瞬間はすごく当惑して、やるせない気持ちになって、なんかいい返したい気持ちでいっぱいになった。でも、自分が悲しい気持ちになったとか何も伝える能力がなく、その場でなにもできなかった。本当にもやもやするな。（2020/02/23 の note より）

この瞬間のことは今でも鮮明に覚えている。一番にわき上がってきた感情は怒りだった。言われっぱなしが悔しすぎて、やられっぱなしでたまるか！と体中に力がこもった。実はこの当時の私自身も、新型コロナウイルス感染症は「中国およびアジア地域で流行している病気」だと認識している部分があった。私の怒りは、ケニアに長期滞在していたために新型コロナウイルス感染症に感染している可能性が低い自分に対して、アジア系の風貌を理由に新型コロナウイルス感染を揶揄された点にある。また、いつ危害を加えられてもおかしくないという恐怖も感じた。

このようにケニア滞在中は、新型コロナウイルスへの感染リスクというよりも、スティグマタイズされ、危害を加えられるリスクのほうにリアリティがあった。それゆえ私はこの時点では、二〇二〇年三月にイタリアでの課外授業が終了した後でヨーロッパを一周する計画をしていた。

スティグマから感染リスクへ（イタリア）

二〇二〇年二月二七日にケニアを出発し、エチオピアを経由してローマのフィウミチーノ空港に到着した。フィウミチーノ空港も前回滞在した二〇一九年九月のように人が多く、大きな変化は感じなかった。指導教員やゼミ生たちが到着するまで半日くらい自由時間があったので、久しぶりのローマでつかの間の観光を楽しみ、のんきに家族にあてた葉書を書いていた。そのときの私はマスクすら持っていなかったが、そのことで嫌な思いをすることもなかった。ただ、ローマの街中はかつてないほど観光客が少なかった。特に、世界中の観光地で必ず目にする中国人観光客のグループに出会うことがほとんどなかった。

――そういえば、コロナウイルスが北イタリアで深刻になっているなか、今日はイタリアであまり嫌な顔をされたりはしなかった。むしろ、みんな笑顔でいてくれる気がした。それでもやはり、アジア人一人で歩くというのは結構怖い気もする。そんな感じで、無意識に怯えている自分がいることも気づいた。（Note

2020/02/28)

しかし、ローマ到着の数日後から、街を歩いたときに周りからの視線を感じるようになってきた。特に地下鉄やバスといった公共交通機関を利用する際に、私たちを見るなり少しびっくりしたような反応をしたり、口を押さえてみたり、自分の長い髪をマスク代わりにあてがう人がいた。

――帰りのバスでは、イタリアの人たちはやはりアジア人の私たちを見るなり一瞬ビクッとするのだ。しかし、ビクッとするなり何も驚いていないかのように平静を装おうと頑張っている姿が見て取れる。(Note 2020/02/29)

――滞在先まで帰るのに、今日はバスに乗った。アジア人はみんなコロナウイルスを持っていると思っているのか、という勢いで、外国の人は我々を怖がるのだ。こちらを見ると、バスの窓を開けて通気をよくしようとしたり、とりあえず服の襟の部分で自分の口を軽く覆う。他には、できるだけ出口に近い場所に移動してみたりだとか。(Note 2020/03/02)

他方でローマの居酒屋では、当時新型コロナウイルス感染症の流行が深刻だった北イタリアを訪問してきたばかりだという外国人と市民が仲睦まじくおしゃべりをしていた。すぐそばに座っていた私は、このときはじめて、新型コロナウイルスに感染するリスクについての具体的な恐怖を感じた。

――昨日ヴェネツィアでの観光を終えてローマに戻ってきた女性二人（どこの国の人かは分からない）が、私たちの向かいに座っているスペインからいらっしゃったご家族と会話を交わしていた。「最近ヴェネツィアの方ではコロナ大変そうだけど、大丈夫だった？」なんていう時事ネタを共有していた。観光地には比較的人が少なかったので、ゆっくりと楽しめたようだった。そのように平和な語り口で、旅の一コマを共有しあっていた。(Note 2020/03/01)

二〇二〇年三月に、サルディーニャ島の農家さんのもとに滞在する予定になっていた。そこは、私が二〇一九年一〇月に一ヶ月ほどファームステイをした場所である。二〇二〇年二月下旬は、サルディーニャ島に感染者はほとんど確認されていなかった。他方で北イタリアにおける新型コロナウイルス感染症の流行状況は悪化の一途をたどっており、ローマにも拡大しようとしていた。このためローマ滞在を短縮し、予定より早くサルディーニャ島に移動することにした。

そこは広大な農家の敷地内にある専用のゲストハウスで、オーナーおよび彼の家族や友人以外と接触することはほとんど無かった。そこで私たちは動物の世話をしたり、葡萄の木の手入れをしたりしていた。そのためか、以前の滞在時とあまり変わらない感覚で過ごしていた。だがオーナーは、私たちのような外国人がこの時期に滞在していることに対する周囲の懸念や批判のなかにあったのではないかと思う。というのもイタリア全土に移動制限令が出た三月九日頃に所用で町に出掛けた際に、私たちを見た町の人びとはまるで恐ろしいものでも見たかのようにサーッと散っていった。道でおしゃべりしていたおばちゃんたちが、私たちを見るなりすぐにお店に入っていった光景は忘れられない。

この頃は「未知の感染症」に対してヨーロッパ各国の政府がとる移動制限等の政策も、徐々に強化されつつあった。毎日ニュースを見るたびに「明日、どんな状況になってもおかしくない」と思わせられる日々だった。私たちが滞在している場所で十分な医療を受けることができない可能性も考えられた。「確実なもの」が刻一刻と崩れ去っていき、目の前が「どうなるか分からない世界」に塗り替えられているようだった。

いざ、帰国

私は三月末に予定していたヨーロッパ一周旅行をキャンセルした。そして二〇二〇年三月一〇日にサルディーニャ島を出発してフェウミチーノ空港に到着し、翌一一日に日本への帰路についた。すでに全土に移動制限令が発令されていたので、私たちは自己宣誓書〈移動の必要性を証明するための書類〉を携帯・提出する必要があった。また、国境を越えた移動が制限されるという噂があり、その前に国外に移動しようとする人びとで空港は混雑していた。私たちはこの時の空港を新型コロナウイルスへの感染リスクが高い場所として捉えていた。ローマで一晩過ごす必要があったが、移動制限が出ている中での市内の移動は控え、エアポートホテルに宿泊した。

キャンセルが相次ぐ様子がうかがえる航空機運航状況（2020年3月、筆者撮影）

このように、一ヶ月後の未来を予想・計画できると思っていた日々とは違い、予測できる未来の射程がものすごい勢いで短くなっていった。一週間後のイタリアがどうなっていて、ヨーロッパ地域で感染拡大の可能性が小さい「逃げ場」はどこにあるのか、感染の心配をしなくていい「外側の世界」がどこかにあるのか、それらが「わからない」ということがわかってしまったといえる。

それを痛感したのは、フェウミチーノ空港のフライトステータス掲示板が、キャンセル表示に埋め尽くされているのを見たときだった（写真）。この時には予約可能なフライト自体が少なくなっていた。そんななかで苦労して予約したフライトがキャンセルになったことを知って途方に暮れている人たちもいた。その姿を見ると、次は私たちかとアドレナリンが噴出するようで、とにかくイタリアを出国するという第一関門を突破するまで、とても緊張していた。

――一〇日の夜にローマに無事に到着。昨日からまるで自分はサバイバルゲームの主人公なのじゃないかと、緊張が止まらない。検疫をはじめとした様々な関所を越えていかなければならないのだが、それを思うたびにいろいろなリスク（追記：欠航になる・コロナに感染するなど）を考えて行動していかなければ

ならない。(Note 2020/03/11)

帰国のフライトでは、マスクをつけて搭乗した。この時までは出国というチャレンジをタイムリミットまでに成し遂げれば解決する問題だと考え、機内では達成感とアドレナリンで溢れていた。だがそこには、全身を覆う防護服を着た人やN95規格の医療用マスクを付けた人も多かった。その姿を見たときに、私たちが経験している未知のウイルスがもたらす影響の大きさを実感した。そして、帰国後の日本の状況もこれから甚だしく変化するかもしれないこと、もう地球上に新型コロナウイルスから逃げられる場所はなく、どこにいっても向き合わなければいけないものになるだろうということを感じた。それはイタリアから脱出する機内を、様々な国の「境界」のように捉えていたためかも知れない。パンデミック状況の中で移動することを通じて、ある国や地域を出さえすれば危機を乗り越えられるということはなく、自分の住んでいる国や地域にも続いていることなんだと感じた。だから日本に到着しても安心できなかった。それは問題がエピデミック(地域的流行)が発生している国や地域からの「脱出」から、未曾有のパンデミックがもたらす「予想不可能な世界」でいかに生きていくかに変わったことを感じとっていたためである。

帰国後の「宙ぶらりん」と自己責任

帰国後しばらくの間は、なんだかテンションが高かったことを覚えている。同行していた他のゼミ生は、検疫を問題なく通過することができることによって安心を得たかもしれない。もちろん私も検疫を通過できたことについては安心したが、想像していたよりも緊張感が抜けきらなかった。私が帰国した時には、まだ帰国者全員が検疫でPCR検査を受けるようになっていなかったため、検査を受けずに問診のみで入国した。検疫官からは、不要不急の外出や外食は控えるようにという指示があっただけだった。安心したような、拍子抜けしたような気分だった。それと同時に「症状はないが感染しているかもしれない」、そうなったら「まわりの人々から何を言われるかわからない」という恐怖があった。

帰国直前に、大学から二週間の自宅待機をするよう指示を受けていた。とくに祖母に感染させないことを考えて自分でウィークリーマンションを予約し、そこで二週間過ごすことにした。友人達にはSNSで帰国したことと自主隔離をしていることを伝え、その部屋で生活した。自主隔離生活が始まって数日は時差ぼけなどで生活が不規則であったが、少し経つと帰国したのに家ではない場所で過ごしているという状況に対する違和感がふくらみはじめた。その違和感に引っ張られるように、これまでの「日常」とは異なる時間と場所の中で生活しているという感覚になった。

——前代未聞かのようにみえる今回のコロナウイルス騒動は、いままでわたしが生きてきた中で初めての「世界人類史（追記：歴史に残るレベルのスケール感で世界で同時に同じ問題と闘っているような状態を表したかった）」という部類に入りそうなくらい、どのように対処したら良いのか分からず、世界的な混乱の渦に巻き込まれている。（Note 2020/03/20）

日記を振り返ると、「混乱の渦の中でなんとか生き残らないと」と焦っていたことがわかる。それゆえ、未知のウイルスに対して「正しく怖がる」ことをしていないように見える他者に対して不信感を覚えることもあった。たとえば、二〇二〇年三月下旬の徳島大学からは遠隔授業などの他の方法についてのアナウンスがなかった。私には、大学が対面の授業のみを想定しているように思えた。加えて、学生に対して「なお、学内で感染症者が発生した場合は、感染症者や濃厚接触者の入院や自宅待機、また、学内の施設を消毒するための閉鎖という事態を招く恐れもあり、最悪、全学休講ということにもなりかねません。学生の皆様においては、本学学生としての責任を自覚し、下記事項の徹底と節度ある行動をお願いします」というメールが送付された。その内容から、私たちが感染した場合はそれに対して責任をとらなければならないというようなニュアンスを感じられ、恐怖と怒りが混ざったような感情を抱いた。このように大学の授業は対面のみで開講され、学生が新型コロナウイルスに感染した場合の責任は「気をつけなかった個人」にあるとされるのではないかと不安を覚えた私は、二〇二〇年四月三日に、遠隔授業の可能性を検討してほしい旨を大学宛にメールで訴えるとともに、インターネットで署名運動を展開した。メールに対するお返事はいただけなかったが、署名運動には学内外から一〇〇人を超える賛同者を得た。だが、学内では「大学も頑張っているのに可哀想」、「組織に文句を言うことは悪いこと」など私が思っていたよりネガティブな反応を示す学生も多かった。

当時は「十分な感染対策」や「節度ある行動」というように、具体的にどのような行動に気をつければよいのかについてあやふやな印象だったので、いつ自分たちの行動が責められるのかわからないという不安があった。規制が多すぎても柔軟性に欠けるといった問題があるかもしれないが、方針がはっきりしないままどうしていいか分からずビクビクしながら宙ぶらりんの状態に居続けることで精神がすり減った気がする。「宙ぶらりん」の状態にある中で、個々人が行動の責任を負わなければならないという苦しさを紛らせるため、新型コロナウイルス感染症に関するさまざまなコラムや動画、そして投稿論文などにアクセスした。現状を理解するさまざまなやり方を知ることにより、未知のものに対する不安や恐怖を少し紛らわせようとしていたのかもしれない。

――そんないつもとは違う非日常が日常になりつつあるのかな、と感じる今日この頃は、様々な方がお書きになっているコロナに関する寄稿文を拝見することが多くなった。(Note 2020/04/25)

ぼやけた「ただしさ」に戸惑う

それから一年以上たった二〇二一年一二月現在、友人のなかには、すでにヨーロッパのパートナーに会いに行ったり、旅行を楽しんでいる者もいる。友人たちが国内旅行を楽しんでいる様子をＳＮＳで見ることも多くなった。私はあれから旅行に行くことはなく、県をまたいだ移動をするとしても調査やワークショップの時のみである。それも公共交通機関をできる限り使わないようにして……。ただ、あれから徳島大学は新型コロナウイルス感染症対策に対する事業継続計画（ＢＣＰ）を策定し、それに基づき教職員と学生の行動指針を明示するようになったので、自分の行動に対して過剰な心配（何か責任を問われたり、責められたりするような心配）をすることは少なくなった。

いま振り返ると、帰国当初は「感染防止のために行うべき行動とは何か」以上に「道徳的に正しい行動とは何か」という事を気にしていた。道徳的に正しい行動が何なのかは状況や相手によって変わりうるが、そこに対して思いを巡らせることに心がすり減った。つまり帰国の過程で経験した不安や緊張感は、帰国後もカタチを変えながら私をつかんで離さなかった。「こんな行動をするなんてありえない！」という批判にさらされるかもしれないという不安が、私の行動すべてを封じるようだった。帰国後は不安や緊張から解放されると思っていた。しかし、私を待っていたのは、どう行動しても道徳的に責められるかもしれないという恐怖とともに「宙ぶらりん」でいる日々だった。そのなかで、自分の場所を創るために、同じような経験をした留学生たちと情報交換をするようになった。

それが本書を企画する原点になった。大学を越えた学生や先生方と自分たちの経験をふり返り、共有する実践を通じて、私は「宙ぶらりん」でいる状態を言葉にすることができた。それはパンデミックのなかの異文化というよりは、むしろ自文化のなかで強く意識された。だから、これから留学するみなさんには、留学中や帰国プロセスにくわえて、帰国後の行動や意識も大事にしてほしい。家に帰っても、「留学」は終わらないかも知れないのだから。

参考文献

内藤直樹　二〇二〇「グローバル・クライシス時代のフィールドワークにおけるリスクマネジメント――海外フィールドワークからの撤退マニュアル」『月刊地理』二〇二〇年九月号、古今書院、三七―四三頁。

在イタリア日本国大使館「二〇二〇年三月八日首相令（九日首相令を踏まえた概要）」[https://www.it.emb-japan.go.jp/pdf/20200308_dpcm_rev.pdf]（二〇二一年九月二九日閲覧）

在イタリア日本国大使館「二〇二〇年三月九日首相令（概要）」[https://www.it.emb-japan.go.jp/pdf/20200309_dpcm.pdf]（二〇二一年九月二九日閲覧）

在イタリア日本国大使館「二〇二〇年三月一一日首相令（概要）」[https://www.it.emb-japan.go.jp/pdf/20200311_dpcm.pdf]（二〇二一年九月二九日閲覧）

日本貿易振興機構「ケニアで初の新型コロナウイルス感染者を確認、入国制限など実施」[https://www.jetro.go.jp/biznews/2020/03/7f324d7eb9301978.html]（二〇二二年一月二日閲覧）

World Health Organization WHO "Coronavirus (COVID-19) Dashboard (Italy)" [https://covid19.who.int/region/euro/country/it]（二〇二一年一月二日閲覧）

資　料

在ミラノ日本国総領事館からのメール
イタリアでの新型コロナウイルス関連情報（二月二九日）たびレジ
イタリアでの新型コロナウイルス関連情報（三月二日）たびレジ

イタリア

日　付	新規感染者数	状　況
2月27日	78	ケニア出国
2月28日	250	イタリア入国・ローマ滞在
2月29日	238	29日現在、ロンバルディア州、ヴェネト州、エミリア＝ロマーニャ州及びリグーリア州の一部では、学校休校の措置が3月8日（日）まで、ピエモンテ州では3月3日（火）まで延長される
3月3日	342	サルデーニャ島入り
3月4日	466	4日12時現在、ロンバルディア州及びヴェネト州の11の自治体は、首相令により出入禁止措置等の対象に指定される
3月8日	1,247	首相令で、ロンバルディア州全体と14の県に対して、移動回避措置を講じる
3月9日	1,492	首相令で、業務上、健康上の場合を除き、居住市外への移動の原則禁止を国土全域に発表
3月10日	1,797	サルデーニャ島出発
3月11日	977	首相令で、全国で12日から食料品・生活必需品の販売活動を除き、小売店の商業活動休止を命じる ローマ発（アブダビ経由）
3月12日	2,313	帰国（その後、2週間自主隔離）

11章 前例のない危機で何を信じるのか 【スウェーデン】

濱岡　桜

前夜

二〇二〇年、全世界が新型コロナウイルス感染症の大流行に見舞われた。私は二〇一九年の夏からスウェーデンの中東部の街で一年間の交換留学をしていた。だが、後期の授業が始まって約二ヶ月経過した三月一六日に、外務省が当該地域の感染症危険情報レベルを二に引き上げたことにより、日本の所属大学や奨学金支給元から緊急の帰国要請が出された。当時、既に欧州内のスペインやイタリアでは新型コロナウイルス感染症が猛威を奮っており、その惨状を伝える映像やメッセージがSNSを通して私に届いていた。クラスメイトや友人にも、既に母国に帰国していた学生も少なくなかったことから、「私にも帰国要請が出されるのも時間の問題だろう」と心の準備はしていたつもりだった。

しかし、いざメールを受け取ってみると、やはり衝撃的を受けた。本当に帰らなければならないのか。帰る際の空港や飛行機内での感染症対策は十分なのか。帰国後どのように家族の安全を保障できるのか。そもそもいま帰国することは本当に最善なのか。どの情報を・誰を・何を信じればよいのか。一番大切にしなければならない価値は何なのか。数日間パソコンにかじりついて集め得る情報を吟味し、考え続けた末に私は現地在留を決心した。

それから、家族や日本の所属大学の指導教員、日本とスウェーデンの大学の交換留学担当者や奨学金担当者とのメールでの連絡と説得を開始した。何度もやりとりを重ねた末、最終的には説得に成功し、当初予定していた一年間の滞在を達成した。七月末に帰国した際には、帰国後二週間の間はタクシーや国内線を含む公共交通機関の利用が認められていなかったため、成田で二週間の孤独な自主隔離を行う必要があったものの、家族や自分が感染することなく実家に帰ってくることができた。

現地残留を決意してから帰国するまでの間、私の決断に対して様々な立場の人々から非難する声も支持する声もたくさん聞いてきた。結局どうすることが最善だったかなどという話をしても結果論でしかないのだが、私はあの時点での決断を後悔してはいない。願わくば、この体験記が誰かの決断の小さな助けにならんことを。

スウェーデンで初めての感染者が確認されたのは一月三一日のことだった。私が在籍していた大学では、ちょうどその一〇日程前に春学期が始まったばかりだった。私たちは学生寮の新しい入居者や、新しく始まった授業のことで忙しく、感染症のことはまだちょっとした話題の一つになる程度であった。その後一ヶ月間も、スウェーデン国内ではコロナ騒動は対岸の火事のように扱われ、三月二日の統計でも累計感染者数は一四人に留まっていた。その後、国内で第一波が押し寄せ、三月一四日には七七一人の累計感染者が確認されることとなった。私は世界中からの留学生が集まる寮で、一一人の留学生とキッチンを共有する生活を送っていた。そのころになると誰もが連日顔を合わせるたびにスウェーデンのコロナのニュースや各国の統計について言葉を交わし、今後どうなるのかと不安を募らせていた。コリドーメイトの中に持病がある人や薬を服用していた人がいたことは幸いだった。おかげで、もし自分たちが感染した場合にどこに電話して、家族とどのように連絡をとるのかだとか、寮の同じ棟の中で感染者が出た場合にどのように外に出ないようにして一ヶ月生き延びるのかなどをみんなで考えておくことができた。ここで特筆しておきたいのは、私が当時感じていたある種の安心感についてだ。当時、新しい感染症に対する不安が全世界を覆い尽くしていたなかでも、私が比較的落ち着いた状態で状況を注視できていたのは、一重にコリドーメイトたちのおかげだった。前期の六ヶ月間、彼らと長い時間を共有することで、私は、彼らが如何に優秀な学生たちであるのかということを嫌というほど感じていた。彼らは本当に一心に学業に励んでいたし、実際に業績もあった。会話の端端から彼らの知性が感じられた。彼らは特に情報収集やメディアリテラシーという点において、私が最も信頼する友人たちであった（次頁写真）。私自身も様々な情報を集めてはいたが、そうした友人たちが周りにいて、情報を交換できるという状況は私にとって非常に幸運なことだった。加えて、

友人たちと多くの時間を過ごした寮のキッチン
（2020年6月21日、筆者撮影）

私が住んでいた街には大きな大学病院があり、最高水準の医療を受けられる状態であったし、留学生は全員保険に加入していた。また大学は、三月一六日あたりから段階的にオンライン授業に移行し始め、（当初は学部・部門によって対応が異なった）その後僅か二日間で、全クラスがオンラインで開かれることになった。あまりにスムーズな移行であったため、驚いたと同時に感心したことを覚えている。また大学や学生主催の活動のほぼ全ては大学のオンラインへの移行を受けて中止となった。

以上のように、三月を過ぎたころから様々な変化が私の周りにも起こっていた。だが私自身は、大学と街と周りの友人たちが十分に信頼できる状況にあり、また勉学にも問題なく励めており、かなり落ち着いた状態だった。国レベルの感染対策に目を向ければ、スウェーデンは当初から欧州諸国のように強硬な行動制限を行わず、国民の自主的な責任感に任せるという方法をとっていた。だが、片田舎の、少し行けば周りに民家も何もなくなるような街で、散歩と洗濯、近所のスーパーへの買い物以外は全く家から出ない生活を送ることができる状態においては、特に危険を感じることはなかった（次頁写真）。ウプサラの街全体をみても、感染症の影響で住民がパニックになったり過度に不安が広がったりすることなく、落ち着いて対コロナ生活に適応していっているという印象であった。

帰国要請

三月一七日、ついにドイツ、フランス、ベルギーとともにスウェーデンの感染症危険レベルが引き上げられ、日本の所属大学から帰国要請がだされた。大学間交換留学の制度を利用して留学していた私は、大学の交換留学に関わる規則に従う義務があった。規約によると危険レベルが二となった場合には原則渡航中止・帰国となっていた。奨学金支給元との関係も同様である。しかし、イタリアやスペインの惨状（SNSでは感染が拡大した地域の目を覆いたくなるような惨事を伝える報道や、大切な人を亡くした人、危機的な状況にある人からの悲痛なメッセージが溢れていた）を目の当たりにしていた私は、その指示に唯々諾々と従うことができなかった。当時の私にとって（現在でももちろんそうであるのだが）、疑いようもなく重要なことは私自身や私の家族を感染させないことであり、そして他の誰かを私の行動によって感染させないことであった。「約束は守らねばなら

ウプサラ近郊（筆者撮影）
（右：丘の上に見えるのが寮の建物。2020年4月26日）
（左：寮の周りは畑と林ばかりでよく散歩やランニングに出かけた。2020年4月3日）

ない」ということは、私が文字を覚えるよりも前に覚えた、人間社会で最も重要視される原則の一つである。私が所属大学の管轄下で交換留学の制度を享受してきた以上、そして奨学金を受給していた以上、その規約に従うことは私の義務であった。しかし、そもそもその規約は学生の安全を守るために存在するのでなかったのか。数日間ノートパソコンの前に張り付いて、コロナに関する様々な情報を集めていたが、全世界の感染症危険情報レベルが一様に二に引き上げられようとしていた中で、日本がスウェーデンと比べ格段に安全だという根拠はどこにも見つからなかった。そして何より、最も忌避されるべきことは「移動すること」であった。それを裏打ちするように、その当時日本国内では海外から帰国した人々から感染が広がるケースが数多く報道されていた。それらは、帰国者に対する感染対策がまだ十分に整っていないという状況を如実に示しており、もし私が彼らのように感染源になってしまったらという不安を掻き立てた。帰るべき実家が地方の離島（人口一万三千人ほどで老年人口が全体の三〇％以上を占める。総合病院は島内に一つしかなく、医師の多くは常駐ではなく県本土と島を行き来している）にあった私には、守るべき家族や親戚や友人、友人の家族、小さい頃からお世話になっている近所の人たちなど多くの人の顔が浮かび、生半可な準備や対策で帰るという決断を下すことは到底できなかった。そして数日経った後で私が下した決断は「帰国途中に感染し国内の感染拡大に寄与してしまうリスクが高く、安全性・経済的な観点から、現時点での帰国は非常に困難」というものであった。

説得

説得は、大嵐のなか荒野を一人進むようなものだった。先は見えず、道標もなく、非難は轟々、はたして進み続けることが得策なのかもわからない、そんな感覚だった。しかし実際は、多くの人に助けられ、支えられていた。所属大学の指導教員は、私が大学の規約と異なる行為をしようとしているにも関わらず、私の判断を尊重してくださり、大学担当者とのやりとりの間ずっと私と伴走してくださった。本当にたくさんの情報や助言をいただいた。先生からの言葉がなければ、おそらく私は自分の判断を信じきることはできなかっただろう。考えることを放棄してしまいそうな時はいつも、家族が励ましてくれた。何が制約となっているのか、担当者の方々にどのように説明すればいいのかについては、同じ大学に留学していた日本人学生たちからアドバイスをもらった。一番の障害は、既に受給額が一〇〇万円を超えていた奨学金全額返金の恐怖であった。当時、奨学金支給元からも、所属大学の担当者を介して帰国要請が出ており、応じない場合は全額返金もありえるという状況であった。家計が厳しく、留学当初から奨学金を頼みにしていた私は、留学費用の全額返金と自分の安全、家族の安全、そして周りの人々の安全を天秤にかけなければならないような気がしていた。私がそうした袋小路に入っていた時に、欧州に留学していた同じ奨学金の受給生らが現地滞在を許可する救済措置を求めるための署名活動を始め、その勇気と行動力に大変勇気付けられた。

左記が、私が実際に説得のために大学担当者に送付したメールである。（個人情報保護の観点から一

部改変を加えた）

二〇二〇年三月二四日

（担当者）様

大変ご迷惑をおかけしております。

スウェーデンに滞在中の（著者氏名）です。

日に日に状況が変化しており、皆さんも大変お忙しくされている事かと思います。

私もどうすれば私と私の家族と周りの人が健康でこの状況を乗り越えられるかを第一に、毎日流れてくる様々な情報をひたすら追い、頭を抱えています。

以下帰国に向けて私が考えていることについて率直に申し上げます。

一、帰国のためにどの空港へ向かうか
・福岡空港：欠便・運休で国内線を利用しない限り到達できません。
・関西国際空港：より家に近い空港になります。手が届く範囲の値段で乗り継ぎ時間が短く最も現実的な路線となるとアーランダ空港発バンコク経由関空行きとなりますが、それでもバンコクで一八時間の滞在が求められます（早朝に着いて深夜に出発）。便数が少なくなっている中たくさんの人が行き交う空港で一日過ごすとなると恐怖を感じます。かつ、タイではトランジットでも健康証明書とコロナへの補償が効く保険証券の携帯が求められるようになっています。スウェーデンでそのような証明書がどこでもらえるのか調べている最中です。病院に行かなければならなくなると想定されますが（バンコクにて七二時間以内の証明書であるため迎えにきてもらえる手はずと飛行機の予約ができてから病院に行かなければならなりません）しかし今できれば一番避けたいのは病院へ行くことです。

・成田国際空港：バンコク経由（同じく乗り継ぎ一八時間）またはアムステルダム・アブダビ経由が現実的でありますが、後者は非常に高額です。その後のホテル滞在のことを考えると経済的に苦しいです。また規制がまだ強くない空港として世界各国から帰国する・移動しなければならないたくさんの人が利用していることが考えられます。

二、隔離の一四日の間どこで過ごすか

実家は島嶼部にあるため公共交通機関を使わずに帰ることはできません。空港から徒歩圏内のホテルまたは無料シャトルバスに乗れると考えて約一四日間の滞在となると約七万円です。三食一日一五〇〇円で粘ったとして二万一〇〇〇円になります。(はたして買い物に行けるのか、ルームサービスのみとなると倍？です）約一〇万円です。大型クルーズでさえ感染症対策がきっちりできていなかったのにはたして世界各国からの帰国客が混在するホテルで安全なのだろうかと心配しています。精神的・身体的・経済的にかなり厳しいと予想されます。父が東京または大阪まで車で迎えに行こうかと言っておりますが現実的に考えて一〇〇〇㎞を超える長距離になり、非常に過酷です。

三、隔離のその後

前述のように、ホテルに泊まったとすれば二週間の隔離で安心できるとも思いません。その後自宅に戻るとなるとやはりたくさんの人が、空気が流れないところに長時間滞在することとなる船・飛行機での自宅までの帰宅は、その後また二週間はさけた方が良いと思われます。そうなると（所属大学のある都市）の家ですが高齢の祖父母と五年前に（病名）を患った伯母が半同居している状態です。イタリアやスペインのニュースをたくさん目にする機会がありますが、絶対に私が接触したことによって家族が病気にかかり最後会えないまま逝ってしまうということだけは避けたいです。

車では一四日の間しっかり隔離することできたとして（関空から一四日間をかけて実家まで帰ってくるとして）おそらくその後は実家に帰れるでしょうが、心配なのは一四日間車の中で（おそらく）父と過ごすとしてその間どうなるのかということです。食事はドライブスルーだと人との接触は少ないですが、一四日間三食それでは抵抗力も落ちそうです。父は五〇歳ですがもし私が帰国して父に会うまでのどこかで感染していたとして、本当に父が重症化しないという確信はありません。その分一四日間プラス迎えに来るまでの数日仕事ができなくなりますが、父は自営業で補償があるわけでもなく実家の家計がどうなるのかもわかりません。

現在関空のホテルや成田のホテルでどのような感染症対策がなされているのか調べていますが情報が少

なく実際のところよくわかりません。ここ数日の水際対策の強化に伴って父が迎えにきてくれるという案が浮上しましたがまだ仕事の都合上いつ来れるのかはっきり言える状況ではないです。（父は今週末に行けるようにしたいと現時点では話しています。）

このように、帰国のために様々な情報を集め、家族とも話し合いを重ねていますが調べれば調べるほどここにいて状況を見た方が私と私の家族と周りの人たちを危険にさらす可能性が低いのではと思うのです。日本では欧州などから帰った学生が検査で陽性となっているケースも出てきていると聞きます。私の場合は特に実家が地方にありまた裕福ともいえないためかなり過酷な隔離生活になります。一番大事なのは安全と健康を守ることではないのでしょうか。全世界が未だかつて経験したことのない局面に突入し、国や省庁、自治体が出す対策も日々刻々と変化しています。

ここに留まる場合、食料品は確保できていますし、病院も近くにあります。人口密度が低く、自然が多いので自宅で勉強をし、気分転換に外を歩くという生活ができます。学習環境もはるかに整っています。万が一私が罹患したとしても高いレベルの治療が受けられることが期待できます。日本に帰った方が安全という確かな根拠も今の所見つけられていません。家族も私がここに残っていた方が安全ではないかと考えています。ただ奨学金全額返済となると厳しいため、帰ってくる方法も検討しています。また比較的安全だと判断できるような航空券は現在手配が難しいまたは高額になっており、ホテルで隔離にせよ、車で父と軟禁にせよ、経済的にもかなり厳しいです。政府も私たちの帰国・隔離のために保障してくれているわけではありません。ただ、安全のために、経済的に許される範囲内で、最善の対策を取りたいだけなのです。人がたくさん亡くなる病気です。留学辞退と全額返金、帰国要請が足枷のように感じられています。今帰ってこなければ今後さらにひどい状況になるという見方もありますが、時間が経ち症例や経験が増えればその分より効果的な対策が可能になると考えるのが妥当ではないかと考えています。そうであるならば、私はWHOや多くの専門家が話しているように、現時点でできるだけ人との接触を避け、移動を自粛し、私自身の当面の健康と安全を確保するとともに、私によって祖父母や両親、伯母やその他たくさんの人に感染が拡大するという事態・可能性をできるだけ先延ばしにするという方法をとりたいのです。

どうか家族と私自身の同意と責任に基づいて、「安全性を考慮しての留学継続」を了承してはいただけないでしょうか。大学によってはウプサラ大学に留学している日本人学生に対してそのような措置をとっているところもあります。また奨学金についても、同様に「安全性を考慮しての現地残留」が可能になるよう働きかけていただくことはできないでしょうか。

お忙しいところ大変申し訳ございません。
ご検討どうぞよろしくお願いいたします。

（著者氏名）

事の結末とこれからの皆様へ

このメールを送ってからも、私は一貫してこの姿勢と方針を理解してもらえるよう努めたが、担当者からの理解はなかなか得られなかった。所属大学の教職員は、この件に関して何度も話し合いを重ねたようである。最初の帰国要請から二週間以上そのような状態が続き、その間各方面にメールを送っては帰国要請のメールが返ってくるという日々が続いた。中には相当語気が強いものもあり、心が折れそうになることもあった。結局、「黙認」の方向でなんとか落ち着いたのは四月に入ってからのことである。

奨学金支給元の対応についても、世界各国に散らばる受給生が声を挙げたこともあり、初期の強硬な姿勢が次第に緩和され、最終的には学生の状況に柔軟に寄りそうものへと変化した。私のケースでも、現地に残留する間本来払われていた額と同等の給付金を救済措置として受けることができた。

前例のない事態が発生したとき、これまで適応されてきたルールや方法が本来の機能や役割を果たさなくなってしまうことがある。今後も世界は急速な変化を続けるだろうし、大なり小なりの「前例のない非常事態」を、誰しもが経験することになるだろう。そのような場合においては、前例や周りの人が言うことに唯々諾々と従うことがただ一つの道ではないということを強調しておきたい。誰にも正解がわからないような状況においては、その外部にも前例やルールの中にもない一筋の光が、その混沌の中にいる者にこそ見えているかもしれないからである。

最後になったが、この場をかりて、私が大変有意義な留学をするにあたって尽力してくださった全ての方々に、とりわけ家族と、指導教員と、そして所属大学の担当の教職員のみなさまに心から感謝を申し上げたい。

参考資料

在スウェーデン日本国大使館「新型コロナウイルス感染症に関するこれまでの情報」[https://www.se.emb-japan.go.jp/nihongo/novel_coronavirus.html]（二〇二一年九月二八日閲覧）

Folkhälsomyndigheten "Daglig statistik vardagar" [https://experience.arcgis.com/experience/09f821667ce64bf7be6f9f87457ed9aa]（二〇二一年九月二八日閲覧）

WHO "Sweden: WHO Coronavirus Disease (COVID-19) Dashboard With Vaccination Data" [https://covid19.who.int/region/euro/country/se]（二〇二二年一月一一日閲覧）

ウプサラ近郊。夏至の夜、寮の友人たちと
（2020年6月20日、筆者撮影）

スウェーデン

日　付	新規感染者数	状　況
1月31日	1	スウェーデン初の感染者を確認
3月2日	3	ウプサラで初めての感染者を確認
3月12日	98	500名以上のイベント等を禁止 寮内でコロナが話題として多く出てくるようになる 日本：スウェーデンの感染症危険情報がレベル1（十分注意してください）に
3月14日	151	すべての国への不要不急な渡航を4月14日まで行わないようにとの勧告を発出 アメリカやアイルランドからの留学生が帰国を始める（留学生の帰国ラッシュの始まり）
3月16日	71	履修中の授業がオンラインに移行 日本：スウェーデンの感染症危険情報がレベル2（不要不急の渡航は止めてください）に
3月17日	69	3月19日より、第三国からスウェーデンへの不要不急な渡航を一時的に制限することを決定 すべての高等教育機関に対してリモートでの教育に転換することを勧告 所属大学から帰国要請が出される
3月18日	83	ウプサラ大学全体で授業が完全リモートに移行 学生向けの対面のイベントやアクティビティ等はほぼすべて中止に 日本：3月21日より、入国者に対して、検疫所長の指定する場所での14日間の待機要請及び国内における公共交通機関の使用自粛要請を行うことを決定
3月25日	182	レストラン、カフェ及びバーに対して、食事の提供等はテーブル着座の形式で行うよう求める ほぼ家から出ない「対コロナ生活」に完全に移行 日本：スウェーデンの感染症危険情報がレベル3（渡航中止勧告）に
3月31日	280	日本：全世界の感染症危険情報がレベル2以上に

第Ⅱ部

コロナ禍の留学を意味づける

学生と教員による座談会

12章　これからを生きるために「当時の決断」を振り返る

聞き手　飯田玲子・小國和子

参加者(1)（あいうえお順・所属は二〇二〇年当時）

■岩崎真夕（横浜市立大学国際総合科学部）
「トビタテ！留学JAPAN」制度を利用し、私費留学でマレーシアのサンウェイ大学に留学。新型コロナウイルスの蔓延により、ベトナムのマスコミでのインターン予定のキャンセルを余儀なくされた。

■神村結花（横浜市立大学国際総合科学部）
幼い頃からの夢であったバレエダンサーになるという夢を叶えるため、私費で渡仏。ヨーロッパのダンスカンパニーのオーディションを翌週に控えるなか、帰国するという決断をした。

■カーリー芽里咲（創価大学法学部）

あまり人が行かないような場所へ行ってみようと、交換留学制度を利用しモンゴル留学を決断。帰国後に色々と迷う時期もあったが、来春から地元での就職が決まった。

■北野真帆（徳島大学総合科学部）

「トビタテ！留学ＪＡＰＡＮ」制度を利用して、スローフードの手法を用いた世界農業遺産保全の方法を学ぶために渡航。大学を一年休学して、韓国・ネパール・イタリア・ケニアにて、インターンとフィードワークをおこなった。

■須藤ひかる（創価大学文学部）

交換留学制度を利用して、キューバのハバナ大学に留学。スペイン語、平和学について学んでいた。卒業論文は「キューバの防災教育」について。

■諏訪未来（横浜市立大学国際総合科学部）

スペイン語を学ぶために、スペイン・サマランカへ私費留学。日本に帰国した当初は、怒りよりも悲しみの方が強かった。

■高橋知里（創価大学経済学部）

ジェンダー学について見識を深めるため、交換留学制度を利用して米国のメアリー・ボールドウィン大

（1）本座談会は、二〇二一年八月一二日（木）午後二時～五時に、ビデオ会議システムZoomを使っておこなわれたものである。

学に留学。帰国後もアメリカの友人たちとビデオ通話などで交流中。

■田中志歩（広島大学大学院国際協力研究科博士後期課程）

二〇〇九年からバングラデシュの少数民族と教育制度について研究している。バングラデシュでのフィールド経験は豊富。電力事情が不安定ななか座談会に参加してくれた。

■濱岡桜（九州大学大学院人文科学府修士課程）

「トビタテ！JAPAN」留学制度と九州大学の交換留学制度を利用して、スウェーデンのウプサラ大学に留学。留学の主目的は、サステナビリティについて多角的な視点から専門的に学ぶことだった。

■椋下すみれ（徳島大学総合科学部）

フィジーに私費で語学留学。滞在中はオーストラリアにも足を運び、ウルルなどの世界遺産などを見て回った。

体験談の執筆者の一人である佐田栞さんは、都合がつかず残念ながら欠席となった。

■佐田栞（中央大学商学部）

交換留学制度を利用してクロアチアのザグレブ大学に留学。厳しい環境に身を置き成長したいと考え、事前情報がほぼない同国への渡航を決意。所属大学での専攻と同様に、経営学やマーケティングを学んだ。

――なぜ体験記を書こうと思ったのでしょうか。

岩﨑：もともと、大学一年生の時に参加した内閣府の「世界青年の船」事業で北野さんと知り合って、同い年で凄い熱い人が徳島にいるなあって（笑）。北野さんの、自分がこうありたいだとか、こうなりたいといったことにまっすぐ進む、強い思いを持っているところにその頃から刺激を受けていたので、留学から戻ってきた時にまた会いたいなあ、と思って徳島に北野さんを訪ねたんです。その時に、お互い海外に行ったけれどコロナの影響で帰ってくることになったことのやりきれなさや、どうやって前に進もう、といった悶々とした思いを聞いて共感したし、こうやって起こった社会的な出来事を後に残していく機会があるのはすごくいいなあって思って参加しました。

神村：私は岩﨑さんに声をかけてもらいました。帰国後の授業で、偶然エスノグラフィーについて学んだんです。それはコロナ禍のなかで、毎日自分の身の回りで起きた事を記述していこうという授業だったんです。そこで、日常の些細なことも書き留めるようになって、文字にしてみると「あ、私はこんなことを思っていたんだ、こんなこともしたんだ」という気づきが増えた。コロナ禍のなかで毎日色々と感じていることを書き留め、書き残しておくことは大事だと思うようになりました。

高橋：私も、二年生の時に参加した女子学生のリーダーシップを学ぶ海外派遣事業でアメリカに行ったときに北野さんと知り合って、今回も北野さんから声をかけてもらいました。その時に、「これから海外へ行こうとする人たちへこういうことを届けたい」というような熱意を聞かせてもらい、ぜひ一緒にやりたいなあという風に思いました。もともと私自身、純粋に文章を書くことが好きだ、ということもありますが、論理立てた論文ということではなく、自分の内面など、素のまま、ありのままで書く（今回の体験記のような）文章が貴重なのではないかなと思いました。

須藤：コロナ下で帰国して、自分の留学が「正しかったのか」どうかということを考え続けていました。周りから、帰って来たことにも意味があるよと言われましたが、そのハッキリとした答えを出したいと思いました。また、文章を書いて、誰かのためになるということが嬉しくて！

濱岡：私は体験談を書いた人たちの誰かと知り合いというわけではありませんでしたが、「トビタテ！留学JAPAN」制度を利用した学生が集まるコミュニティのなかで、北野さんが体験談執筆の声をかけてくれて、それに反応しました。今回（自分は帰国しない、という判断をしたことに対して）様々な厳しい反応があったので、それに対して、「それでも自分はこう思っているし、それで大丈夫だったんだ」と自分なりに消化する必要がありました。

田中：私は現地に滞在し続けていたので、その頃はまだコロナの状況が良くなくて、何かしていないと元気に過ごせないと思っていました。ちょっとでも（書くことで）元気になりたいなと。

カーリー：日本から海外に留学する人は増えているけれど、モンゴルに行く人は数えるほどしかいないので、後輩やこれから海外に行こうと考えている人に、少しでもモンゴルを選択肢に入れてもらえたら嬉しいと思って書きました。またこの原稿を書いていた当時は鬱っぽい状態で、自分の気持としても帰国直後の鬱々とした気持ちのリハビリになったということはあります。

北野：皆さんの書かれているものを読んで、当時みんな精神的に参っていたなと思いました。私の場合は引率の先生がいてくれたので、ほかの皆さんとは事情が異なるとは思うけれど、目の前で飛行機が飛ばなくなるとか、国境が閉まるとか、気持ちを強く持ちたいと思ったけど、手汗が止まらなかった。皆さんの体験記を読んで、そうだよなぁ大変だったよなぁと共感していました。私自身は、自分の経験に（このままでは）踏ん切りがつかない、自分の次の一歩を踏みしめて歩いていくにあたって、何かしら学びとして咀嚼したい、という思いが強かったです。

――書き上げるまでの苦労はいかがでしたか。

濱岡：自分の気持ちはスーッと書けましたが、丁寧にファクト（事実）を拾うことに途中で一度心が折れて（笑）。編者の北野さんからリマインドをもらって書き上げました。

神村：書きたいけれど追いつかない、というような感じでしたね。吐き出したい……というか。

北野：そうですよね。書いている途中、辛かったです。自分の経験を文字化する難しさを感じていました。日記をつけていたのですが、自分の日記を見返したくないという思いにも、途中でなりましたね。

――様々な思いが錯綜する中で、大変な思いで言葉にされたんですね。そうしてでも、自分の言葉で書くことが大事だったんだとわかりました。

では、去年の三月頃など、あの当時のことを、一年以上経った今、改めて振り返ってみてどうでしょうか。体験記を書いた時から半年くらい経過しているので、またその時とは違う思いがあるのではないでしょうか。

北野：帰国後は怒りが強く、「ファイティングポーズ」をとっているような状態でした。今は、もう少ししなやかに対応するマインドが出てきたようにも思ったりしています。

岩﨑：そうですね。当時は怒り先行でした。大学側が帰ってこいというけれど、コロナに関しては、日本に帰るから安全とも限らない、と思うところもあり、踏ん切りがつかないまま粘っていました。帰りたくないと思っている中で、「えいやっ」と帰ってきた感じです。でも、実は、体験談に書いた文章には、怒りを書いていない、触れていないんです。あくまで、これから海外へ行く人に向けたアドバイスというつもりで書いたので。それでも自分にとって一つのターニングポイントになったとは思います。他方で、その当時、自分が抱いていた怒りや不条理について、日本で他にも学生が声をあげていて、社会運動などの可能性も感じました。学生も、声はあげたほうが良いと感じました。これも、今回の経験を経て帰国した時に芽生えたものだったかなと思います。

高橋：私は少し違っていて、確かに理不尽さやネガティブな感情も持っていたけれど、結構早く過ぎ去りました。まだアメリカにいた時に、日本に帰らないといけないということが現実味を帯びてきて、一日は泣いたけれど、その後はからっとしていたというか。むしろ、自分はすごい瞬間に立ち会っている、と妙に達観した自分がいました。感動に似たような感情が沸き起こっていました。留学中に立てていた計画(2)はできずに帰ってきたけれど、その分、就職活動など、いままでにないくらい本気で取り組めたな、と思います。その後の、アメリカの友人たちとのかかわりも、コロナでオンライン化が進んだことで続いているともいえますし。

(2) 高橋さんは、米国でアジアの女性リーダーを紹介するワークショップを開催するという計画を立てていた。

現状をポジティブに捉えたい、というところもあります。起きたこと全てに意味があったのかなと思っています。

――「すごい瞬間に立ち会う」経験をした皆さんの目からみて、今も終わらないコロナ禍での大学での生活はどのように感じられますか。授業がオンラインになるなど、色々とストレスフルな制約があると言われていますよね。

椋下：私は長期滞在していた皆さんと違って長期旅行のような経験でしたが、それでも帰国後、日本は「ゆるゆるだ」というか、政策が出てくるたびに不信感がつのるような、日本のあてのならなさに気づくところはありますね。

諏訪：いま学部四年生なのですが、Netflix や Amazon prime などで映画を見る時間ができて、自分の時間を楽しめている気がします。オンラインで受けたい授業を気軽に受けられたり、これまで興味がなかった授業でも受けてみたり、ポジティブに捉えています。自分の時間が増えて、色々と考えられたなぁと思います。

須藤：まず、自分の滞在していたキューバは常に通信状況が不安定だったので、日本では通信状況が整っているのがすごいと思いました。それから（オンライン授業は）、対面じゃないので皆が何をしているのかわからないですよね。まわりの人たちの行動や気持ちが見えないことで、多様性が広がった気もしています。アルバイトを熱心にやるなど、周りが常に見えているわけではない分、自分のやりたいことをできるというか。

高橋：そうそう、ノイズになってしまうような情報が遮断されたかもしれないよね。

カーリー：オンライン留学だとか、自分が行っていたモンゴルでは出来ないことなので、日本だからこの状況でも出来ることがある、と感じます。現状は、私達では変えられないものなので。後輩からの相談を受けたりしますが、やりたいことがあれば、今の時代ならではのやり方でやってくれたら、ちょっとは学生生活が楽しくなるのでは、と思いました。

濱岡：皆さんポジティブですごいと思う。私は、すでにコロナ前に学生生活を終えた人が「世界一周した」などと言うのを聞くと、やるせない思いになり、憤りを感じたりもします。また、大学院生ということもあり、かなり孤独です。オンライン授業は「謎の距離感」があって。友達になりたいと思っても、授業の後にご飯を一緒に食べにいこう、とはならないですしね。

北野：いま、「孤独」というキーワードがでてきましたが、言われてみれば「孤独」になってきたかもしれない。私は大学を一年休学しているので、同級生はもう卒業しました。アルバイトもあまりしていなかったので、ステイホームでふさぎ込んでいたところはあるかもしれません。ただ、意外に変わっていない部分として、内に向かう力が、とまらないくらい強くなったかも。「孤独」って、一年前は悪いものとして捉えていたけれど、いまは、いい意味でも悪い意味でも、フラットに内に向かっていく力と感じます。

高橋：確かに。コロナ前は、めちゃめちゃ露出してる感じがありました。人混みで、大衆の中の一人、というような感じで、いろいろなものに囲まれていました。それが今は、ソーシャルディスタンスといわれて、自分のまわりにスペースが出来ている感じ。結果として、改めて、自分のための時間、自分のための場所があることの大切さを実感したなあと。一人でいることに対してネガティブになるのではなく、「あえて一人になる」「あえて遮断する」というか。

神村：（深くうなずき）、「孤」が「個」に開かれる時ってあるなと、共感できる部分がありますね。

カーリー：オンライン時代って、あえて孤独になって、自分に向き合う時代なのかもしれない。

――皆さんの言葉の深さを目の当たりにして、逆に、当時は本当に大変だったんだろうなあ、と思いを馳せました。実際、去年の三月に、同じ国に滞在していた政府派遣の日本人が一気に帰国を選択するなか、一度は帰らないと考えたり、実際に「残るという選択」をされた方は、その時の思いや、今、そのことを振り返ってどう思われているか教えてください。

カーリー：もちろん帰る選択肢もありましたし、大学からも帰ってこいとは言われていたのですが、その時にはすでにモンゴル国内線、国際線の飛行機が止まっており、帰れない状況だったので、ここはもう自分で選んで決断して良いのだなと思ったからです。モンゴル語と、モンゴルという国について学びたいという気持ちがあった。コロナに対する恐怖や、日本に帰国したいという気持ちよりも、最後までやり遂げたいという気持ちの方が強かったです。

田中：先ほどまでのお話を聞いて、皆さんが、帰国後に違うフェーズに移行している、ということがよくわかりました。それに対して、私はコロナが始まってから一度も帰国していないので、いわば「フェーズ1」が、ずーっと続いている状況にあります。切り替わらないもどかしさ、というか。だから皆さんのお話を聞いていて、「日本に帰ることでフェーズが切り替わるのか、ここで何かあると切り替わるのか……どうなんだろうか」と感じました。ただ、総じて言えば、皆さんが帰国後に前を向いて頑張っている、という姿を見聞きして、そういう意味では、「居続けている」私の場合は、何か、目に見える大きな変化はないかもしれないけれど、それでも今の生活の中で、小さな変化を見逃さずに生活していくことが大事なのではと考えさせられました。

濱岡：コロナの影響で留学生活はがらっと変わりましたが、それでもすごく楽しかったです。スウェーデンの首都ストックホルムから、電車で四〇分くらいのところにある街で、大学の寮で生活をしていました。授業はオンラインだし、寮からほぼ出ないので、寮の同じ階の友達とずっと一緒で、一緒に勉強したり、筋トレしたり、料理したり。ちょうどその頃はこれから春が到来する、という時期で、目の前には牧歌的な光景が広がっていました。そんな中で、日本の大学からのメールには「帰ってこい」と。そのギャップが大きかったです。日本は「安全」なのか、ここにいたほうが安全ではないかと。私の実家は島で、日本に帰国したとしても、空港から家に帰るまでがとても難しいということもありました。情報を集めて、本当にそれが妥当なのかということを考えに考えて、その上で各方面への説明のために「残るための理論武装」をするのに三日間ぐらいかかったと思います。

田中：バングラデシュは、急に国際線が停止したので、飛行機が止まったと聞いて、「あー、私は帰らないんだな。コロナが落ち着くまでここにいるんだろうな。」と思いました（笑）。特別チャーター便が出るとなって現地の先生に聞いても「乗っても乗らなくてもいいよ」といわれたし、所属大学も、博士課程ということもあってか、本人の判断に任せる、という感じでした。

濱岡：説明・説得の段階では、自分自身のエージェンシー(3)というか、自分のことは自分が一番わかっているのに、それが離れていってしまうという感覚でした。誰も正解を持っていないと感じました。

——周囲の環境によって大きく差があり、帰るか帰らないか、ではなく、個別の事情に寄り添う対応が必要ということは言えそうですね。では、先生や家族など、当時のまわりとのやりとりで感じたことや、自分自身で決断する際に支えになったことなどを教えてください。

濱岡：指導教員の先生が理解してくれたことです。「自身の判断で自身の安全健康を守るのが第一義」と言い続けてくださって、それが支えになりました。親もそうでした。

神村：フランスでお世話になった先生が、一緒にいるだけでエネルギーが湧いてくるような明るさを持った方で、「大丈夫、すぐよくなる」と、ポジティブに支えてくれました。「こっちに残るなら私たちが支えるから」と、本当に心強かったです。それで一度は、残ると決断したんです。でもそんなポジティブな方が、その後の状況の変化を見て「帰ったほうがいいかもしれない」といったことで、帰ろうと思いました。

椋下：自分は長期ではなくて短期だし、帰りの航空券を格安で取っていたので、帰国にあたっては大変な目にあいました。トランジットや航空券の変更に関する英語も自信がなかったので、日本にいるゼミの先生に相談をして、空港で伝えるべき英語の作文をしてもらい、フィジーの空港のカウンターで交渉を頑張りました。

——当時の現地の雰囲気はどのような感じだったのでしょう？　これは帰らなくては！と思った瞬間はどのようなものだったのでしょうか？

（3）能動的に変化を起こす主体として行動する自由を有することという意味。ただしここでは特に、「自己に関わる決定の主体優位性」として語られている。

カーリー：モンゴルは独特の社会で、留学前からスパイ容疑をかけられないようにということを言われていました。また、留学先の大学が留学生とモンゴル人学生を分けて授業やカリキュラムを設定していたので、システム上、あまり現地の人との交流を積極的におこなうというのが難しかった点もあります。ただ、国際寮のお世話係の方や、日本語が上手なモンゴルの方が親切にしてくれて、お母さんのような感じでした。ほかにも、親身になって相談に乗ってくれた方もいました。二〇一九年の一月中旬くらいまでは外出制限などもなかったので、マフラーとかマスクをして外出はしていましたが、街中で罵られる回数が増えてきて、モンゴル語が分かる日本人や他の留学生は、泣きながら帰って来ることも増えました。私はモンゴル語がほとんど分からないので何か言われても聞き流していましたが、一月中旬以降は、玄関のドアを開けるときにちょっと緊張していました。帰国にあたっては、在モンゴル日本大使館の方々にも相談しながら帰国を決めました。

諏訪：私は二〇一九年の一〇月五日からスペインに行っていましたが、三月上旬くらいから、他のアジア系の留学生が町を歩いていると、小学生くらいの子供に「コロナウイルス」と言われたりするようなことが起き始めていました。大学からは、感染レベル四になったら帰国するようメールが来ましたが、私費留学だったため、帰国判断は自分でする必要があり、自己責任の重圧を感じていました。ほかの留学生からも色々と情報を得ながら、帰国することを決めました。

須藤：当時のキューバでは、「アジア系＋マスク＝コロナ感染者」という図式ができていたように思います。結果として、予定していた留学期間を三ヶ月ほど早めて帰国することになりました。道半ばの後悔を残さないよう、帰国後に勉学や交流面の努力を続けたことで、自分の選択を正解にすることができたと感じています。

岩﨑：マレーシアでは一月二五日に初めて新型コロナウイルス感染者が確認されました。それでも、二月二七日から三月一日にかけては、イスラーム教の団体の大規模礼拝集会がクアラルンプールで開催されました。三月一六日に入って、政府から「活動制限令」(4)が出て、そこで新型コロナウイルスが身近に迫っていることを実感しましたが、日本の感染対策にも不安があり、迷った末に、四月一二日に日本へ帰国しました。帰国にあたっては、大学の留学推進室に相談などしましたが、「トビタテ！留学ＪＡＰＡＮ」のポリシーと、日本の外務省の、マレーシアへの渡航制限が「レベル二」(5)に引き上げられたことが帰国の大きな決め手でした。

(4) 二〇二〇年三月一八日～三月三一日までマレーシア全土で実施された活動制限令。宗教やスポーツ、社会・文化活動を含む大規模集会の開催禁止と、日常生活の必需品を販売する店舗以外の閉鎖、すべての高等教育機関の閉鎖などが決められた。

(5) レベル二は、不要不急の渡航中止を求める段階である。二〇二一年九月現在、マレーシアへの渡航は「レベル三・渡航中止勧告」に引き上げられている。

椋下：私は短期ということもあって、あまり現地の人との交流があったわけではありません。フィジーの状況に関しては、在フィジー国日本大使館が情報源でした。ただ、スーパーの商品が日に日に少なくなってきていて、いつもは沢山売られているジャガイモやタマネギが、数個しかないということも増えました。

高橋：二月中旬にボストンに国際会議に行くことになっていたのですが、母親から、アメリカでコロナウイルスに端を発したアジア系への暴力事件が起きているけれども大丈夫なのかという電話がありました。その時は、心ない誰かに襲われたらどうしよう……という気持ちもありました。三月中旬以降だと思うのですが、コロナとかパンデミックとか、ロックダウンのような英単語が飛び交うようになって、なんとなく不安と重苦しい雰囲気が周りで流れていました。

神村：フランス滞在中は、同時期に日本から別の地域に留学をしていた友人達と頻繁に連絡を取って情報の交換をしていました。帰国するべきかどうかを考えなくてはと思った瞬間は、やはりフランス政府から外出禁止令(6)が出たときですかね……。現地でお世話になっていた方は、日頃から前向きな言葉で支えていただいたのですが、部屋で一人になった瞬間に不安に襲われていて。その不安の根源はなにかと考えたら、コロナ感染への不安というよりも、「自分は帰ることができるのだろうか」というものと、「自分は今後どうなるんだろう」という将来への不安だったのだと思います。コロナを越えた不安というか……。

北野：その気持ち、良く分かります。コロナ感染が怖いというよりも、私はここから日本に帰れるの？とか、これからどうしようみたいな気持ちでしたよね。私は二〇二〇年三月から、イタリアのサルデーニャ島で、徳島大学のゼミ実習に参加していました。その最中の三月九日に「行動制限令[(7)]」が出ました。現地の人たちがなにか言っていて、スマホの翻訳アプリを使って言葉を翻訳したら、スマホの画面に「島から出られなくなるかもしれないよ」と出たんです。そこで、この島から出られなくなってしまうんだ！と気づいて、急に焦ったことを覚えています。

神村：不安の根源って、コロナに感染するかもしれない不安というよりも、自分が帰国できるのか、その日の食材を買うことができるのか、今後自分はどうなるのだろうという、自分の状況への不安に対してですよね。

全員：（画面越しに大きくうなずく）

（6）新型コロナウイルスの感染拡大を阻止するべく、二〇二〇年三月一七日から五月一〇日まで、フランス全土で実施されたロックダウン。

（7）イタリアは新型コロナウイルスの感染拡大を防止するため、二〇二〇年三月九日から五月一〇日までおよそ一〇週間のロックダウンを実施した。

――当時の皆さんを取り巻く不安が、単なるコロナ感染への心配よりもっと個別具体的な生活に直結することだったり、逆にもっと中長期的な将来を見据えてのものだったりしたということがよくわかりました。そんな中、自分で「決める」というのは責任を伴うことで、しんどかっただろうなあと。これに関連して、北野さんや諏訪さんの体験記でも触れられていますが、当時、留学生をめぐって「自己責任」という言葉が出ていましたね。

濱岡：スウェーデン側の関係者はすぐに、私自身の「帰らない」という判断を尊重してくれました。でも、日本の大学は「（ほかの）みんなは帰っています」と。自己決定が自己責任論とすげ変わっていくような感覚を覚えました。

岩﨑：それ、私も言われました。現地では自己決定が尊重されたのに、日本では「あなた以外はみんな帰国したんだから」と言われたんですよね。当事者である自分が、色々と考え抜いた末に決めたことを「みんな帰ったから」と否定され、不合理だと思いました。

濱岡：これから留学しようという学生さんに、「みんなにとって分からない、前例のないことがきっと起こる。既存のルールがうまく機能しないようなこともきっと起こる。そういう時、人に言われたことや前例に従うのも一案だけれども、それがすべてではなく、『のっからない』という可能性も開かれている。周りの大多数の人が『従う』かもしれないけれど、（自分自身の声をきいて）、そうじゃない選択肢もあり得るのだ」と伝えたいです。でもそのためには、「信頼できる先生や友達を蓄えておくこと」ですね。

――なるほど。この本を読むすべての人に伝えたいメッセージだと思いました。では最後に、今の皆さん自身について教えてください。あれから一年経ってどういう風に気持ちは変化していますか？

神村：私はワーキング・ホリデービザ(8)でフランスに渡航していたので、当時残してきた銀行口座は、残念ながら今春に閉じてしまいました。帰国直後は、もう一度戻りたい、戻って、海外のバレエカンパニーに挑戦したい！という気持ちも強かったのですが、日本に戻ってから改めて、じゃあ、日本で出来ることって何だろう、となった時に、私がしたいことって何だったっけ、とすごく考えました。フランスでは、私自身がバレエダンサーになるということを目標に掲げていたんですが、でも他に、以前から、日本で芸術をもっと身近にしたいってずっと思っていたな、ということを深く考える期間になったと思います。いまは、ダンスや芸術を社会に拓いていく場として、公演やイベントの企画・運営などを行うダンスハウスで、舞台

（8）フランスのワーキング・ホリデービザの申請にあたっては、申請時に満一八歳以上、三〇歳未満であること、過去にフランスでのワーキング・ホリデービザを取得していないことが求められている。

芸術の制作をしています。だから、コロナでの決断が、人生の決断にもなったというか、自分の過ごす世界が変わってきていて、何か一つステップが上がって、世界の見え方が変わったような感じがします。

北野：神村さんの、日本に帰国してからの気持ちの切り替えについて共感しました。一度日本に帰ってきたら戻れないし、帰国直後は私自身腐っていました。でも、日本にいながら現地とつながり続けられるのかとか、自分がやりたいと思っていたトピックとどうつながり続けられるかということは、コロナの経験に打ちひしがれたからこそ、思考の転換ができたのかな、という感じがします。

カーリー：私の場合は、コロナに感謝したくもないけど、感謝している部分もあって。帰国のタイミングが早まったことで地元に帰ることになったんです。それで、改めて地元を深く見る機会を得ました。モンゴルにいたときは、モンゴルにつながりのある仕事につきたいと思っていた。そういう道に進むために計画を立てていたけど、計画が崩れてしまった。だから、帰国が決まった時は大学の掃除のおばさんに心配されるほどひどく泣き崩れた。でも、それで地元に戻ったら、人口減少や過疎化が深刻な地域で、若い人がいなくて地元に活気がない。モンゴルに留学したことで、自分の地元の過疎化が深刻なことと自分は地元愛がかなり強いことに気がついた、というか。こういうことを考えるようになったのも、コロナの影響はあるんじゃないかなと思います。実は帰国してから混乱状況から精神的に参ってしまったんです。体験談を書いている時は、まさにそんな状況のなかで、なにかを吐きだすというか、自分と向き合う時間だったように思います。

――実はカーリーさんの体験談を読んだときに、「強くあろうとするしんどさ」のようなものを感じていたので、今のお話を聞いて、そうだったのか、という思いです。書いている途中は、強くならねばと自分自身に言い聞かせるような思いで、書いてらっしゃったのですね。

カーリー：それはあると思います。書く中で、自分自身も葛藤していた部分があります。解消しきれていなかった自分の気持ちを、書くことで消化したというか。それで、何とも言えない不完全燃焼な状態で実家に帰って、就職活動を始めました。モンゴルへ行って、そしてそのまま思いを残して帰ってきたことで、地元を深く見る機会ができて。改めて地元の良さを感じた、というか。留学した時はUターン就職なんて一ミリも考えていなかったんですけれど、地元で就職が決まりました。来春から日本とモンゴルや世界をつなぐような仕事につきます。これで少しでも地元を元気づけることができたら私個人としては最高ですね。

全員：(画面越しに拍手)

北野：三時間は長いだろうと思っていましたが、あっという間でした。ある意味「普通の学生」の経験や思いを、ここにいらっしゃらない先生方も一緒になってかかわってくださって、こうやって、外の人たちに伝わるような形にしていただけることに、こみ上げてくる思いがあります。

――ではこれで本日の座談会を終了します。去年の今頃は、まさかこれほど長く不安定な状況が続くとは、誰も想像していなかったと思います。いわば現在に至るまで、皆さんの大学生活はコロナ禍に制約を受け続けているわけです。

けれど、皆さんのお話を伺って、帰国する・しないにかかわらず、皆さんが迷いながらも難しい局面で、ひとつひとつ、時に周囲に頼りながら自分で判断を下して歩みを進められたご経験が、今、そしてこれからにつながっているのだなあと強く感じました。留学に限らず、学生時代に何かを自分で決めてやってみたことが、うまくいかなくて、途中で断念したり変更を余儀なくされたりしても、「やろうとしたこと」「そこで出会いがあったこと」「自分の力ではどうにもならない、という無力感を乗り越えようとあがくこと」といったプロセスで得られるものごとがいかに豊かであるか、ということかと思いました。

このことが、今も長引くコロナ禍のもとで、不安な思いでいる多くの人たち、特に現役の学生さんたちや教員、職員の方々に広く伝えられたらうれしいです。長い時間ありがとうございました。

これから留学を考えている人へ。体験者が伝えたい等身大のＴＩＰＳ

■情報の収集

留学中は、いつ何が起きるか分からない。現地の情報を入手するために、外務省が公開しているサービスを利用しよう。三ヶ月以上の滞在となる場合、現地の日本大使館へ「在留届」を提出することが義務づけられている。提出にあたっては、当該公館に出向かずとも、インターネット上から手続きが可能である。現地で緊急事態が発生した際は、登録情報をもとに、大使館や公館からメールが配信される。また現地で災害や事件・事故が発生した場合の安否確認にも使われている。三ヶ月以上、一つの国に滞在する人は、忘れずに届け出をおこなおう。帰国する際には「帰国届」の提出も忘れずにおこなおう。

・外務省海外安全情報配信サービス（たびレジ）に登録する

滞在している国で発生している事件や事故、注意が必要な事柄についてなど、その国の安全情報を日本語で知らせてくれる。滞在している国の言葉を十分に理解できる語学力を持っていなかったので、大変助かった。例えば、新型コロナウイルス感染拡大が起こっていたイタリアで滞在しているときには、移動などに関する規制が刻一刻と変化していた。その際に、国内がどのような状況になっているのか、どこが封鎖されているのか、移動の際に必要な手続きなど、適切な情報を日本語で知ることができた。(北野)

■連絡手段の確保

海外滞在中になにか起きた際、現地の情報を手に入れたり、日本と連絡を取るための、通信手段を用意しておくことが必要不可欠である。たとえば、現地のＳＩＭカードの入手やＳＩＭフリースマホを活用しよう。現在では日本出国前に、ポケットＷｉ‐Ｆｉなどをレンタルして持って行くこともできる。メールやＬＩＮＥなどを海外で使えるため便利な手段だ。しかし、現地の通信状況が常に安定しているとは限らない。そのため、現地のＳＩＭカードを入手することも勧める。日本の携帯電話会社が販売しているスマートフォンの機種には、通常ＳＩＭロックがかけられているが、渡航前にＳＩＭロックを会社に解除してもらうと、現地のＳＩＭカードを差し込んで使うことができる。会社によって解除の条件が異なるため、渡航前に契約している会社の条件などを確認しておこう。

また、現地ＳＩＭカードの入手方法は、国によって異なる。現地の空港の携帯電話会社カウンターで販売されていることもある。契約にあたっては、証明写真を求められることもあるため、念のため日本から証明写真も携行しておくと、スムーズに手続きをおこなうことができる。

- 右に書いてあるＳＩＭカードの現地調達は、私も強く勧める。それに加えて、もし可能であれば日本にいる間にＨＡＲＤ・ＯＦＦなどのセカンドハンドショップでＳＩＭフリーのスマートフォンを入手しておくと良い。日本の携帯会社で設定次第では海外でも使えると説明がある場合もあるが、私の友人は原因不明で最初全く繋がらず、結局繋がるのに数週間を要した。ＳＩＭフリーのスマホをあらかじめ用

意しておけば、現地のSIMカードを差し込んですぐに使え、かつ現地の携帯番号も入手できるため、非常に便利である。（高橋）

・予備用の携帯電話

留学中に、携帯電話を紛失したり、盗まれたりした場合、連絡を取ることが難しくなる。既に使用していない予備の携帯電話を持っていくことも有効だ。スマートフォンで写真や動画を多く撮影する人にとっても、携帯電話が二台あれば、データの容量を気にすることなく使用することもできる。（神村）

・現地の知り合いの電話番号をメモしておく

携帯を盗られたといった事件の時に困ったことは、電話を借りることができても電話番号を覚えていないということだ。最近はLINEなどのSNSで連絡を取ることが多く、電話番号を知らないということもある。現地に頼れる人がいる場合は、電話番号をメモしておくべきだった。（神村）

■お金の管理

海外で生活するうえで、お金の管理は重要だ。現金を持って行くべきなのか、それともクレジットカードも併用するべきなのか？　執筆者たちからのアドバイスを掲載するので、ぜひ参考にしてみて欲しい。

・渡航前に、海外送金の仕方を考える、準備する

日常生活はクレジットカードで済むことが多いが、家賃などフランスの銀行に入れる現金が必要な場合もある。海外送金は手数料が大きくかかってしまうため、手数料が少ない銀行を開設しておく、またVISAデビットカードで海外のATMから現金を引き出せるよう、銀行口座を開設しておくなど事前に準備しておいた方が良い。（神村・諏訪）

・盗難リスク対策

財布ごと盗まれるという可能性もあるので、手帳や携帯にクレジットカード会社の電話番号を控えておき、いざという時に利用停止措置をとる。（椋下）

・いざというときのために

プリペイドカード（海外送金可）を持っていた方がいいと思う。お金は意外となくなる。海外送金機能付きであれば、親からいざというときに送金してもらえる。このようなカードは複数枚持つべき。私の友人は、お金を引き出そうとしたのに、一枚のカードがATMの挿入口から出てこず、困り果てていた。（椋下）

■海外旅行保険への加入

海外滞在中は、思わぬアクシデントに遭遇することが多々ある。体調を壊したり、テロや天災、事件、事故に巻き込まれる可能性がある。現地で入院した場合の入院費や治療費が高額になるケースもある。また、親や指導教員らが、あなたを日本から救援に向かうこともある。その際、海外旅行保険に加入していると、かかる代金をカバーしてくれる。また海外で盗難にあった際も、補償をおこなってくれるものもある。加入するプランによっては、補償範囲に制限があるので、しっかりと補償される範囲を確認してから加入しよう。海外旅行保険には必ず加入してから、海外へ渡航しよう。日本の空港でも保険会社のカウンターがあり、加入することができる。

・海外にて滞在中に、体調を壊したり、事件や事故に巻き込まれる可能性がある。ネパールに滞在中に、発熱と共にお腹を壊してしまい、結局1週間程度入院、そして原因が分からなかったので一時帰国した。ご飯を全く食べることができず、毎日スープを飲んでいたのを思い出す。その際の治療費や、指導教員の救援費用など、すべて諸々あわせると一〇〇万を超えていた。このように、海外で医療を受けることは十分にありうるし、その場合は高額な費用がかかる。保険に入ることで、海外にて緊急時に必要な医療サービスを、金銭的な心配なしに受けることができる。（北野）

・予定が狂ったときは、自分で対応することも大切だが、状況により、判断した側に掛け合ってみることを勧める。決定事項が交渉の内容次第で動くこともあるので、その際は自分で考えて論理的に伝えることが大切になる（※滞在している国と「予定」のレベルによっても異なると思う）。（須藤）

■身体・精神衛生上のアドバイス

留学前は、夢や希望に満ちあふれているものだ。しかし実際に行ってみると、思わぬ壁にぶつかることもあるかもしれない。ここでは執筆者たちからの身体・精神上のアドバイスを掲載している。備えあれば憂いなし。渡航する前にぜひ確認してみよう。

・現地のご飯はとてもおいしいが、時々日本食を食べるとホッとすると思う。インスタント味噌汁や、ドライフーズなどカバンに忍ばせていくと良いのではないだろうか。（田中）

・現地の言語を留学前にせめて基本を理解しておくのも良いと思う。非英語圏だと特に言葉の壁に悩むことが多く、コロナ拡大のような非常事態ではさらに言葉の壁に悩み、孤独感や孤立感を感じることがさらに増えると思う。せめて現地の言語の基本を理解してたら何か変わるかもしれない。（カーリー）

- 【虫刺され薬準備】留学先の現地で見かけない虫にさされること、かまれることが無きにしも非ずなので、虫刺されに効く薬を持っていくのが良い（私は綺麗なビーチでハチに刺された）。（椋下）
- 常備薬は少し多めに持っていくことを勧める。途上国は特に薬が強い傾向にあるので、日本から持参した自分に合ったものを飲むのが一番良いと思う。また、途上国では生野菜を食べる機会が少ないので、ビタミン剤や青汁などを持って行っても良いと思う。（田中）
- なるべく毎日「褒め日記」を書くのもいいかもしれない。外出制限があり、ストレスが多い中なのでとにかく自分を褒めて自己肯定感をあげる時間を増やすのも良いと思う。（カーリー）
- 日本を感じる時間やリフレッシュできる時間を一日一時間程度作った方が毎日にメリハリがついてストレス多い中でもやっていけると思う。（カーリー）

■注意深く・大胆に!?　現地で信頼できる人とつながる

せっかくの留学先で、一人でも多くの人と知り合い、その後の人生につながる大事な出会いを期待するのは当然のことだ。「気をつけよう」というメッセージと、「積極的に」というメッセージの両方があることは、矛盾ではなく、まさにリアルな体験者だからこその声。信頼できる人間関係づくりがあってこそ、積極的な交流も安全に行える、ということがいえるだろう。

・親切にしてくれる人が多いと思うし、海外なので声をかけられたらついて行ってしまうと思うが、怪しいと感じたら付いていかない、話をしないようにした方が良いと思う。日本でしないことは海外でもしない方が良いと思う。（田中）

・とにかくジャンル問わず、世代・国籍問わず、多くの人と交流するべきだと思う。こういった非常事態になると一人になりやすい。なので、日本人でも現地の人でも様々な人と話すとリフレッシュできるだけでなく、必要な情報を得やすくなるのでぜひ多くの人と交流してほしい。（カーリー）

・現地の日本人コミュニティに、面識のある人を何人かもっておくことがいいのかなと感じた。現地コミュニティに入ることは重要だが、複数のコミュニティに所属することによって、解決できる問題もあるし、相談できることもあるので、海外での生活がより快適、豊かになると思う。（田中）

・予定が狂ったら、すぐに家族や大学関係者と連絡を取って、アドバイスをもらうと良いと思う。そして、本当に困ったら大使館に相談するのが良いと思う。（田中）

体験記と座談会は私にとってどのような意味を持ったのか

飯田玲子

編者に怒られるのを承知で正直に告白しよう。二〇二一年四月に、内藤先生から私のもとに送られてきた学生たちの体験記を読んだ最初の感想は、「だからなに？」というものだった。こういう体験をしましたという記述が、すべて無駄であると言いたい訳ではない。しかし書籍として世に出すには、自身の経験のプロセスを丹念に描き、それを広く位置付けなおして言葉にしない限り、誰にも届かないものになってしまうのではないかと思ったのである。そのため、座談会の開催について提案された当初は、まったく気乗りもしなければ、消極的な立場であったということを初めに書いておきたい。

一方で、体験記のなかで気になるところもあった。それは、執筆者の多くが、強い個人のように自分の経験をまとめている点だった。新型コロナウイルス感染症による現地からの撤退ないし残留という大きな出来事に対峙しながらも、そんなにも強く在ることができたのだろうか？という私の疑念は、妙な息苦しさと共に膨らんでいった。文章を書くという作業は、情報や自分の考えをまとめて整理する作業でもある。しかし、そこから多くのものがこぼれ落ちることも、私たちは経験的に知っている。かれらがなにを書こうとして、なにを書くことができなかったのかを聞いてみたくなった。

書くことと語ること

座談会が進行するにつれて、体験記を初めて読んだ際に覚えたしんどさのようなものは、書いた学生自身が、当時自分自身の決定が正しかったのか分からないというただなかで、強くあろうと無意識にでも言い聞かせて書いていたことが分かった。正解が分からない、どうして良いのか分からない、自己の決断を正当化することができるのだろうかということを、書くという行為を通じて自問し、呻吟していたということだ。体験記が書かれてから一年が経過し、改めて当時の経験を、執筆していたときの気持ちとともに語り直すということで、体験記に書かれた言葉はようやく意味を帯びていったような気がする。それは書くことで得られるカタルシスの次の段階を示している。自分が手にしている世界の感覚は、常に他者に投げかけなければ輪郭が定まることはない。しかしそれは、あなたの経験にはこういう意味があったんだよと、他者が性急な回答を渡すことではない。あくまで共に考えて言葉を紡いでいく作業が必要だということだ。私自身もさまざまな思いを抱えていた学生たちと言葉を交わすうちに、当初覚えた息苦しさの根源と、なぜこの体験記の執筆を必要としたのかを逆説的に理解していったのである。

主体的な自己決定を支えるために

自分が何かを決定した際、それが本当に正しい選択だったのだろうか？という問いにうまく答えることができる人が、いったいどれほどいるのだろう。後から正解にしていくというのも正しいが、決断の間際ほど、私たちの心は容易に揺らぐ。帰国しないという決断にあたって、「みんなは帰ってきています」という言葉があったことが座談会で語られていたが、決めかねて揺らぐ心には強烈な一言だ。個性が大事、アクティブラーニングという言葉を掲げながらも、それが単なる文字記号と堕したり、「みんな」という言葉によって塗りつぶされることは多々ある（ただし、昨年度まで大学院生の海外派遣事業の端くれを担っていた立場からすると、先も正解も分からないなかで、教員も事務の方々も、相当に頭を悩まし、胃を痛めていたということは付言しておきたい）。とはいえ、これを契機に一人一人の主体的な自己決定を支えるような海外派遣のあり方を考えていかねば、やがてこの未曾有の事態も忘れ去られ、過去の焼き直しのような未来が待っていることは確実である。主体的な自己決定とは、強靱な身体や精神を保持せよと迫るものではない。強くあらねばならない、逃げてはいけないということが不文律である世界はあまりに息苦しい。それよりも、どんな決定であれ、自らが自分に関する決定権を手放すことはやめようということだ。

我々は往々にして「強さ」に大きな価値を見いだしてしまいそうになる。何か起きた際に誰かに助けを求めることや、もやもやとした気持ちを抱えることは決して間違ったことではない。それに耳を傾ける他者の存在が必要だ。誰かの釈然としない気持ちに寄り添い、一緒に考えてみるという行為は、支える側自身の世界の見方をも変える可能性がある。実際に、冒頭で書いた「だからなに？」という私の感情も、無意識のうちに手にしていた私のマニュアルに気づく契機となった。かれらよりも少しだけ経験を積んだ立場のオトナにできることといえば、既存のマニュアルのみを参照するだけではなく、一人一人の語りを受け止めて、逃げても良いし、戦っても良いし、良くてもダメでも「あなた」が決定するために、惜しまず支えますよという構えをつくることなのではないだろうか。

座談会を終えて

小國和子

私は今回、日頃から学生支援にかかわる大学教員の一人として、そして毎年の海外調査を研究作業の中心として二〇年以上生きてきた（けれど二〇二〇年以降行けなくなって悶々としている）一人のフィールドワーカーとして、彼女らの話に耳を傾けた。以下の三点は、いずれも事前には考えていなかった、彼女らの語りに突き動かされた結果として出てきた、自分にとって「想定外」の感想である。その場の臨場感のほんの少しでも、ここで伝えられたら、と願う。

「書くことの力」を信じたい

今回とても新鮮で嬉しかったことは、書き手となった学生たちが「書くことで考えたかった」「書くことで元気になりたい」と口をそろえて語ってくれた点だ。言葉にならない辛さに向き合い、途中で投げ出しながらも、書くことで自らの未消化経験を見つめ直し、さらにはその後の日常を自分らしく送っていくためのパワーに変えようと模索したことが痛いほど伝わってきた。そして実際に、体験記を通じて未消化体験の昇華を試みた彼女らが、さらに九ヶ月を経て語る「今の話」は、自分に対しても、他者に対しても、そしてコロナ禍でいまだ制約が続く社会に対しても、時に批判的でありつつも驚くほどポジティブだった。

私自身一〇代の頃から、「書くこと」と「書かれたもの」が自分や人に与えてくれる力を信じて、頼って生きてきたところがある。さらに今は、エスノグラフィーを教える立場にもあるので、「エスノグラフィーを授業で学んだことで、論理だてるのではなくありのままで書く文章が貴重という発想をもって、自分のため、そして『誰かに伝えるために』書いた」という言葉には大変励まされ、かつ背筋が伸びる思いだった。

座談会の最後に編者の北野さんが「ただの学生の声が届くことにこみあげるものがあります」と話してくれたように、体験記の書き手たちは、濃淡ありつつもそれぞれなりに、自分が必死で生きることと、世の中へ働きかけることが結びついている。とても個人的で感情的な経験を、客観的な事実と共に丁寧に振り返って書くことが、個人を社会につなげていくことになるのだという、「書くことの力」を若い書き手たちから教えてもらった。

「孤独」との付き合い方

次に、「孤独」をめぐる一連の語りは、二〇二〇年の春以降いまだ終結なく続く不安や心もとなさとどう付き合うのか、広く今の社会に向けて鋭いメッセージでもあると感じた。大学教育のオンライン化で「皆が何をしているのかわからない、周りの人たちの行動や気持ちが見えない」ことで「ノイズ」が遮断され、多様性が広がったという発言は、その背後に、体験記に記されたような、計画を途中で中断せざるをえなかった、二度とやり直しがきかない中での撤退、という深刻な喪失感を伴う意思決定を自分ですることになった彼女らだからこその覚悟を感じた。

逆を言えば、彼女らのような衝撃的な「すごい瞬間に立ち会う」経験が実現し難い状況下にある今の日本の学生に、どうすればそういった、とことん自分と向き合うようなチャンスを提供できるのか、大学関係者間で真剣に議論が必要だともいえるだろう。「孤独」を、「いい意味でも悪い意味でも、フラットに内に向かっていく力」、「あえて孤独になって自分に向き合う」と言える彼女らは、正直とてもまぶしく、パワフルだ。だからこそ、それを、その背後にあるはずの体験へのアクセスが難しい今の学生に、教育する側が勝手に「自発的な学ぶ姿勢」として求めるのではなく、制約がある中で一緒に模索しなければ、と思い至った。

「正解がない」という世界認識を後押しする経験を支えるには

今回の座談会ではなんどか、「正解がない中で」という発言が聞かれた。実際に二〇二〇年春、多くの大学は「安全性」を盾にとって海外にいる学生の帰国を促した。そして、帰って来ない判断をした学生に「皆は帰ってきた」「自己責任」という言葉をちらつかせた。私自身、長引く状況に業を煮やして二〇二〇年秋から個人で海外に行こうとした学生を、「学生支援」にかかわる大学教員として、職員と一緒になって止めたことがある。

あれから一年。文部科学省は先ごろ、独立行政法人日本学生支援機構（ＪＡＳＳＯ）の奨学金制度である「海外留学支援制度」（協定派遣型）と「トビタテ！留学ＪＡＰＡＮ 日本代表プログラム」にかんして、「留学期間一年間の海外留学については、新型コロナウイルス感染症の影響による感染症危険情報レベル二又は三の場合でも、渡航による奨学金の支給を再開することにします」と発信した。[9]今も決して唯一解がない中で、留学に向かいたい学生への後押しは再開されようとしている。であるとすれば、私達に求められているのは、ある学生が語った「自分のことは自分が一番わかっているのに、それが離れていってしまう感覚でした。誰も正解を持っていない、と感じました」という不安感に寄り添って考えることではないだろうか。この座談会記事が、彼女ら一人一人の個人的な体験記を読む上で一つの見取り図となるのであれば、とても嬉しい。

（9）文部科学省ホームページ「新型コロナウイルスに関連した感染症対策に関する対応について」の「留学中・留学予定の日本人学生の皆さんへ」より（二〇二一年一〇月一一日閲覧）。

第Ⅲ部 コロナ禍の留学から考える

人類学的視点から

13章　学生とともに帰国する
――海外フィールドワークからの撤退マニュアル

内藤直樹

パンデミックにゆれる教職員

新型コロナウイルス感染症の世界的流行による影響を受けたのは学生だけではない。留学生を送り出し、迎え入れる立場にある大学の教職員も同様である。二〇二〇年四月には、世界中が外務省の海外安全情報の危険レベル三：渡航は止めてください（渡航中止勧告）の対象地となった。その結果、学生だけでなく教職員の多くも、海外でのフィールドワークや国際会議のために渡航することが困難になった。二〇二一年一二月現在では、ほとんどの大学が新型コロナウイルス感染症に関するＢＣＰ（事業継続計画）を設定し、渡航の可否を判断する基準を明確にしている。だが、新型コロナウイルス感染症が報告されてから世界的な流行に至る二〇一九年末から二〇二〇年三月末までの期間には、そうした基準は整ってなかった。そのため、大学の教職員と学生の双方が、先が見えない状況の中で安全な海外調査や留学の実施にむけた試行錯誤をする必要があった。

新型コロナウイルス感染症（COVID-19）が発見されてから、地域的な流行を経て、世界的な流行に至るまでの時間は短かった。二〇一九年一二月三一日に中国南部で「原因不明の肺炎」が発生したとの報告があり、翌一月九日にWHOが原因を新型コロナウイルス（SARS-COV-2）と断定した。その後、一月一三日にタイで国外一例目となる患者が確認された。その後、韓国や米国でも新規感染者が確認され、中国国内の新規感染者数も急増したことから、WHOは一月三〇日に「国際的に懸念される公衆衛生上の緊急事態」を宣言した。同日に日本政府も、新型コロナウイルス感染症対策本部を設置した。二月三日には、香港から日本に向かった大型クルーズ船ダイヤモンド・プリンセス号で感染者が確認され、横浜港に停泊した。その後、中国、韓国、イタリア、スペイン、イラン、米国で患者数が急増し、日本でも二月二七日に安倍首相が全国小中学校の一斉休校を要請した。そして三月一一日に、WHOが新型コロナウイルス感染症のパンデミック（世界的流行）を宣言するに至る。

すなわち新型コロナウイルス感染症が「発見」され、それがパンデミックに至るまでには、二〇一九年一二月三一日から二〇二〇年三月一一日までの二ヶ月と一一日間という短い期間しかかからなかったことになる。この時期には、すでに学生たちは留学先に滞在し、勉強やフィールドワークなどに励んでいた。二〇二〇年二月の時点でも、留学生たちに一刻も早い帰国を促す大学もあれば、事態の成り行きを見守っている大学もあった。もちろん、三月になると、どこの大学でも留学生の一刻も早い帰国を実現するために努力していた。そして日本においても新型コロナウイルス感染症の新規感染者数が急増した結果、多くの大学では四月以降の対面授業すら実施が困難になっていった。この時大学は、新型コロナウイルス感染症の流行という未曾有の事態のなかで学生や教職員の安全を守りながら教育研究機関としての機能を維持するための検討を重ねていた。大学の教職員も学生も、新型コロナウイルス感染症の急拡大にともなう社会生活の変化の方向がよく見えない状況のなかで、手探りの対応を試みていた時期だった。

ジョンズ・ホプキンス大学のサイト（COVID-19 Dashboard）によれば、二〇二一年一二月五日現在までに、二二五の国・地域において約二億六五五三万人の新規感染者と約五二五万人の死者が確認されている。新型コロナウイルス感染症のエピデミック（地域的流行）が地域や国境を越えて拡大する事態を受けて、ＷＨＯがパンデミック（世界的流行）を宣言した。この宣言以降、地球全体が新型コロナウイルス感染症の影響下に等しく覆われているように見えるが、たとえば感染者数、死亡者数、死亡率、人口一〇万人あたりの罹患率には国や地域によって大きな差異がある。また、それらの数が増減する時期やパタンについても大きな差異がある。すなわち新型コロナウイルス感染症の影響は、必ずしも地球全体を均等に覆い尽くしているわけではない。それぞれの場所における流行の様相は、ウイルスと人間との間の生物学的な相互作用にくわえて、疾病対策やインフラの整備状況、経済状態、社会組織、文化的価値観等のさまざまな要因が絡まりあうことによって規定される。

二一世紀はテロ・災害・原子力・感染症等の国境を越えて影響を及ぼす危機が頻発する時代である。このように危機やリスクが地域や国境を越えて展開する現象をグローバル・クライシスと呼ぼう。従来の海外フィールドワークにおけるリスク・マネジメントにおいては、行き先の国や地域ごとの文化・社会・生態的特徴を十分に考慮することが重要だった。だが、グローバル・クライシス時代のフィールドワークにおいては、新たな種類のリスク・マネジメントのセンスが必要となる。それは、ある場所に、ある時、ある程度の危険を生み出すに至るローカル／グローバルな諸要因の複雑な絡まりあいのダイナミクスについての想像力である。

本書では、新型コロナウイルス感染症の流行初期に留学やフィールドワークをしていた大学生や大学院生が安全を確保するためにおこなった行動（第Ⅰ部の1章～11章）やその時の行動についての振り返り（第Ⅱ部の座談会）について検討してきた。それに対して第Ⅲ部の執筆者たちは、大学の教職員としての立場から、新型コロナウイルス感染症が大学での留学やフィールドワークに与えた影響について検討する。なかでも本章では、新型コロナウイルス感染症がパンデミックになった時期に大学生を海外スタディツアーに引率していた教員という立場から、グローバル・クライシス時にすみやかに帰国するためのポイントを整理する。そのために、筆者が二〇二〇年二月下旬から三月中旬にかけて実施したイタリア・スタディツアーにおける帰国の過程を紹介する。

イタリアでのスタディツアー

新型コロナウイルスをめぐる事態の展開は驚くほど早い。イタリアで新型コロナウイルス感染者が確認されたのは二〇二〇年一月三〇日、最初の死亡者が確認されたのは二月二一日であった。私たちがイタリアに渡航した二月末の時点では、イタリアの北部地域は外務省が提供する海外安全情報における感染症危険レベル二に指定されていたが、それ以外の地域はレベル〇だった。すでにスタディツアーに出発していた私たちの目的地は、イタリア北部のボローニャとイタリア本土から離れたサルディーニャ島の農村だった。この時、サルディーニャ島には新型コロナウイルスの新規感染者が確認されていなかったため、所属学部の教職員と連絡をとりながらスタディツアーの旅程を変更してボローニャ滞在を中止し、サルディーニャ島の農村で過ごすことにした。

だが、三月八日のコンテ首相によるイタリア全土を対象にした移動制限令等の発表をうけて、全土が感染症危険レベル二地域に引き上げられることとなった。その後の三月一六日には欧州全体、三月二二日にはアメリカがレベル二に指定された。また三月一八日には、全世界が感染症危険レベル一に、三月二五日にはレベル二に指定された。この時期に水際対策として、自国民の海外渡航や全渡航者の入国を禁止する国も現れた。また、都市や地域間の移動を制限した国も多い。同様の動きは東南アジアやアフリカ諸国においても見られる。このように、新型コロナウイルス感染症のパンデミックへの対応として、程度や時期の差はあるものの、国境や地域を越える人の動きを制限する政策（ロックダウン）が世界中で実施された。ロックダウンがいつ終わるかについての予測は困難で、さらに強化されることすらあるかもしれない。この経験から学べることは、こうした渦中に巻き込まれる中で、なるべく正確な情報を把握し、なるべく妥当な判断をし、なるべく無事でいるための方法である。以降は筆者のイタリアでの経験をもとに、世界中が国境を閉ざそうとするタイミングで学生とともに帰国するうえで有用だった情報・ツール・考え方を紹介する。

公的な情報を入手する

経験豊富なフィールドワーカーは、噂レベルの情報をさまざまな人脈からいち早く入手し、真偽を確認できるかも知れない。だが、基本的にロックダウン政策は、発表後すみやか（数時間から数日後）に施行される。こうした発表は、公的機関からの情報源によって入手可能である。噂を含めたさまざまな情報源の多くは、意識的にアクセスしなければ得ることが出来ないし、真義を判定する必要もある。このため、うっかり情報を得ていなかった時に事態が進行すると手遅れ（ロックダウン前に脱出できない）になる可能性がある。

経験豊富なフィールドワーカーには盲点かもしれないが、外務省によるたびレジ（海外安全情報配信サービス）に滞在国・滞在期間・メールアドレスを登録しておくと、滞在国の治安や感染症情勢の変化に関する最新情報を素早く受け取ることができる。(1) 使用感としては、感染症危険レベルの変化、ロックダウン政策、可能な帰国便等に関する最新情報が、随時ＰＣやスマートフォンに送信されて便利である。とくにたびレジや在留届登録者に対して提供されるチャーター便を含めた帰国便情報は、非常に有用だった。これは自分が理解できない言語が公用語の国では極めて重要な情報源となる。また、在外公館のホームページにアクセスして最新情報を入手する。さらに必要に応じて在外公館に電話連絡して、直接アドバイスを請うこともできる。

また、新聞・テレビ・インターネット等を通じて滞在国の政府による公式発表を獲得することはもちろん重要である。これらの情報を獲得するために、現地で電話をかけることができるスマートフォンの持参は必須である。さらに、ＪＩＣＡや現地の邦人企業等の意思決定や動きに関する情報も重要である。これらの情報をもとに、危険レベルの許容しがたい上昇やロックダウン政策に関する正確な情報を把握し、脱出のタイミングを把握することができる。

帰国便を確実に予約する

危険レベルの許容しがたい上昇やロックダウン政策に関する情報を確認した場合、基本的には即座に旅程を変更し、すみやかな帰国を検討することが望ましい。その際、あえてその日や翌日といった直近の便を確保することも有効な場合がある。感染症危険レベルの急激な上昇やロックダウン政策の発動といった緊急事態はしばしば急激に進行する。このため数時間～一日以上先のことについてすら、予測が不可能な状況となることもある。こうした状況では、数日後の便を予約しても、フライトがキャンセルされるというリスクがある。このため二〇二〇年三月の段階では、多くの航空会社が予約キャンセルや変更手数料を徴収しないという対処方法をとっていた。これは航空機を飛ばせるかどうかの予測が、それだけつきにくい状況にあったということを端的に示している。

帰国便の予約は、可能な限り速やかにおこなう。航空券の価格は需要と供給のバランスによって大きく影響される。このため、感染症危険レベルの上昇やロックダウン政策の発動に関する情報の流通後に時間が経過すればするほど、航空券の価格は時には数倍から一〇倍程度にまで上昇する。また、このように需要が高い状態にある航空機は、あっという間に満席になる。それが最後の一便であった場合には、滞在国からの空路での出国方法が無くなってしまう。

航空券の予約に関してもう一点注意しなければならないのは、航空券の予約サイトや航空会社のサイトで、実際にはフライトが無い便を販売していることがある点である。また、何らかの理由で直前にフライトがキャンセルされるといったこともありうる。

フライトしない便を避けるために有用な手段のひとつが、リアルタイムフライト追跡サイト（https://ja.flightaware.com）の確認である。これが世界中の航空機がいま、どこを飛んでいるのかリアルタイムで表示するサイトである。航空券の予約サイトや航空会社のサイトで有望な帰国便を発見したら、リアルタイムフライト追跡サイトで便名を確認する。そして、その便がどの程度予定通り飛んでいるかを確認する。さらに確実性を高めたい場合には、その便がいま目的地から滞在地まで飛んでいることを確認した後に購入すると、実際にフライトがある便を予約できる確率が高まる。航空会社は乗客がいないゴーストフライトを避けたいので、出発地か目的地の政府が新たに相当強力なロックダウン政策を施行しない限り、飛んで来たのであれば乗客を乗せて帰ろうとするためである。

経由地のロックダウン政策を確認する

グローバル・クライシスのなかで帰国する時には、経由地のロックダウン政策を確認することも重要である。フィールドから日本までの直行便が予約できている場合を除けば、第三国を経由して帰国することになる。たとえば二〇二〇年三月には、オーストラリアやシンガポールなど、外国人の入国だけでなく国際線の経由も認めない国が多数存在した。こうした国の空港が経由地の航空便は、予約サイトで予約可能であっても飛ばない。それゆえ航空券を購入する時には、経由国のロックダウン政策も確認する必要がある。経由地における入国や経由に関する政策は、その国の在外公館サイトを通じて確認することができる。在外公館サイトの情報が不十分な場合は、国際電話で確認する（緊急時には二四時間対応が多い）。

また、ロックダウン政策がいままさに拡大しつつあるグローバル・クライシス状況のなかでは、経由地での入国手続きが必要なトランジット便はお薦めできない。必ず経由便（経由地での入国手続き不要）を購入する。なぜなら、各国のロックダウン政策は日々刻々変化する可能性があるため、経由地に降り立った時に外国人の入国を認めなかったり、入国者の隔離をおこなう政策にシフトしている可能性があるためである（5章参照）。

このように航空券を購入する際には、①リアルタイムフライト追跡サイトによる飛行状況の確認、②経由地の在外公館サイト等による経由地のロックダウン政策の確認をすることが望ましい。慌ただしい時間の中で一連の情報収集をおこなうことは大変だが、だからこそ有用な情報源については、あらかじめ登録やブックマーク等の準備をしておくと良いだろう。

間に合わなかった場合すぐすべきこと

極めて短い時間に首尾良く帰国便を確保できるかどうかには、運の側面もある。もし間に合わなかった場合にすぐすべきことは、海外旅行傷害保険の延長である。東京海上日動やＡＩＧ損害保険の場合は、保険期間内であれば延長が可能である。保険の延長は保険の受取人や一括契約をしている大学等からおこなうことができる。航空機の遅延特約が含まれていれば、わずかではあるが保険金が支払われる可能性もある。

だが、より重要なことは、新型コロナウイルス感染症という病原体のリスクにさらされている分、高度な医療サービスを受けることが出来る状態を維持しておくことである。フィールドワーカーの多くは、クレジットカード付帯のものではなく、専用の海外旅行傷害保険に加入しているはずである。

それは、海外旅行傷害保険では治療・救援費用が無制限の契約が可能だからである。それに対して、クレジットカード付帯保険は、治療・救援費用の最高額が一五〇～三〇〇万円であることが多い。だが、この額は高度な治療を受けたり、日本までチャーター便で搬送される場合には、全く不十分である。グローバル・クライシス時に渡航期間を延長する際には、まず治療・救援費用が無制限の状態を維持しておくことが重要である。

また、滞在国のたびレジへの登録を確認すると同時に在外公館に連絡する。こうすることで臨時便などが飛ぶ場合にいち早く情報を入手することが可能になる。

帰国してから

帰国時には、到着した国際空港で必要に応じた検疫を受けることが重要である。私たちの場合は、成田空港に到着し、検疫所に出向いて検疫官に事情を説明したところ、当時の方針では公共交通機関を使用して帰宅してよいということだった。成田・羽田をバスで移動し、羽田から徳島まで国内線で移動した。徳島空港に着くと、驚いたことに大学の事務職員の方が出迎えてくれた。そして学生たちをタクシーで大学まで送ってくれた。これは、我々の誰かが新型コロナウイルスに感染していた場合に備え、少なくとも徳島県内の公共交通機関を使うことは避けたいという配慮からだった。この時に出迎えてくださった事務職員の方は、新たな病原体のキャリアかもしれない人間と接触するという恐怖を抱えながら対応してくださったことを後から知り、大変感謝している。

二〇二〇年五月二六日の時点までに徳島県内で確認された感染者数は五名だった。このとき徳島県は、確認された感染者数が全国でも三番目に少ない県だった。だが、それは必ずしもパンデミックからの隔たりを意味してはいない。たとえば徳島県で最初に新型コロナウイルスへの感染が確認されたダイアモンド・プリンセス号の乗客が、周辺住民による嫌がらせによって他県への転出を余儀なくされているというデマが流れていた。二〇二〇年六月二〇日付の徳島新聞に「コロナのデマ、なぜ広がった？　県内SNS投稿者らの証言を基に背景探る」が掲載されるまで、このデマが真実であると考えている県民は多かった。その他、新型コロナウイルス感染症の患者に対応した病院の看護師が、心ない嫌がらせによって他県に転出するなどの事態が生じていた。このように感染者数が少ない地域では、新型コロナウイルスに感染もしくは関与することは社会的な死を意味するということが、リアリティを持っていた時期だった。

すでに緊急事態のなかにあったイタリアから帰ってきた私は、三月二六日までの二週間、自宅待機生活をしていた。もちろんメールやインターネットでのやりとりはするのだが、職場には復帰しておらず、帰国後もある意味で緊急事態の時間を生き続けていた。これは日本の緊急事態宣言やテレワークの推進にむけた取り組み以前だったので、孤立感が強かった。この期間は毎日検温をして、誰にも会うことがなかった。

自宅待機をしている間（三月一一日～二五日）に、日本でも新型コロナウイルスの新規感染者が増えてきた。日常からロックダウンという緊急事態に転変した時期のイタリアから帰国した私にとって、帰国にともなう移動は空間的というよりも、時間的な経験に近かった。映画「ターミネーターⅡ」の主人公であるサラ・コナーは、ＡＩがしかけた核戦争によって人類が滅亡するという未来を知る。それを阻止するために闘おうとするのだが、逆に精神病者として閉鎖病棟に収用されてしまう。その彼女の脳裏には、親子が平和に遊ぶ公園のうえで核爆弾が炸裂し、熱線と爆風によって死んでいく姿がフラッシュバックする。その場にいる人びとは一九九〇年代を生きているのだが、彼女だけが「未来」を生きている。このように同じ空間を共有しているが、違う時間を生きている他者に対して疎外感を感じる場合もあるかも知れない。それゆえ、とくに経験が浅い学生やフィールドワーカーに対しては、帰国直後の心のケアについての配慮が重要である。

おわりに――パンデミックの時空間の複数性

パンデミックはグローバル・クライシスではあるが、その様相は国や地域によって大きな差異がある。ウイルスのインパクトは、国や地域によって異なっている。留学生やフィールドワーカーが滞在する場所におけるウイルスの影響は、疾病対策やインフラの整備状況、経済状態、社会組織、文化的価値観等のさまざまな要因の絡まりあいに規定される。それゆえ、ある国・地域で調査や研究をおこなっている留学生やフィールドワーカーの目線からは、パンデミックはエピデミックでもある。だからこそ、現地情報の収集という基本的な戦略は重要である。それだけではなく、帰国便の経由地におけるロックダウン政策の状況をも把握しなければ、帰国便を確保できない可能性が高い点が、グローバル・クライシスとしてのパンデミックらしい一面である。だがそれも、危機が地球全体に遍在していることとは異なる。あくまで特定の具体的な場所が、どのような状況になっているのかを的確に把握することが重要なのである。この意味でも、パンデミックの空間は地球全体を覆い尽くす単一のものであるというよりも、複数の空間からなっていると見たほうがよい部分がある。

また、ウイルスの影響が時間の経過とともに変化した点も忘れてはならない。グローバル・クライシスとしてのパンデミックにおける時間の特徴は、不確実性の高さにある。二〇二〇年二月下旬〜三月中旬にかけてのヨーロッパ、そして三月下旬〜四月下旬にかけての日本では、予測可能な未来がどんどん短くなった(2)。本章で紹介した航空券の購入方法は、不確実性が高いパンデミックの時間への対処法のひとつである。

さらに、異なる国・地域のエピデミックは、しばしば直線的な時間軸上の位置関係という形で説明されることがある。たとえば、日本で緊急事態宣言が発令された時期には、「いまのニューヨークは二週間前の日本である」といった言説がよく見られた。このようにパンデミックの地域性は、時間的な差異として感覚される面がある。だが、日本がニューヨークにならなかったように、パンデミックの時間は直線的な時間軸上の位置関係という形では説明できない。むしろパンデミックの時間は、予測不可能な未来の射程が短くなる形で経験された。パンデミックを生きる私たちは、未来が不安定で先が見えない不確実性の高いものだということを実感している。二〇二〇年初頭に留学していた学生やそれに関わる大学の教職員は、それまで一本の流れに見えた時間が、不確実性の高い複数の時間に変化したことに対処するために試行錯誤していた。グローバル・クライシスが頻発する時代における留学やフィールドワークでは、複数の時空間のなかで安全を確保する術が求められる。そこで重要なのは、公的な情報や直近の情報といった確実性の高い情報を手がかりに、当事者がその時・その場で妥当な判断や行動を積み重ねることにある。

注

（1）三ヶ月以上滞在する場合は在留届を提出する。たびレジも在留届もＨＰを通じて登録可能である。[https://www.ezairyu.mofa.go.jp]

（2）https://fenics.jpn.org/mailmagazine/supecialvol-2020-3-24/

参考文献

内藤直樹 二〇二〇「グローバル・クライシス時代のフィールドワークにおけるリスクマネジメント――海外フィールドワークからの撤退マニュアル」『月刊地理』二〇二〇年九月号、三七―四三頁。

内藤直樹 二〇二一「パンデミックの時間と笑い――未知のものへの想像力に関する比較から」浜田昭範・西真如・近藤祉秋・吉田真理子共編『新型コロナウイルス感染症と人類学――パンデミックとともに考える』水声社、四三―六三頁。

14章　パンデミックとフィールドワークの安全性

飯嶋秀治

忘却と想起──パンデミックとフィールドワークの事故事件

出来事の忘却／想起の間で

パンデミックはもともとギリシャ語で、「全ての人々」を意味していた。今日、ある特定の感染症の伝染ぶりを、エンデミック、エピデミック、パンデミックと三段階に分け、その最終段階にこの語が就いたのはもともとのこの「全ての人々」の意味が故である。感染症が世界にいきわたった時、そこにはどこにいても逃げ場はないことになる。

どこにも逃げ場がないにもかかわらず、ある地域から別の地域に移るとしたら、そこにパンデミック対策に関わる利益があるからであろう。パンデミック下での帰国命令とはそうしたものであってしかるべきである。約二年の歳月は、各国における新型コロナウイルス（COVID-19）の対策の優劣を、各国人口を母集団にした感染者数や死亡者数比率という形である程度明らかにした。では第Ⅰ部でみてもらったように、各国から日本へと帰国命令が出た学生たちに、こうした利益が共有されていたかと問うてみると、少なくとも日本が世界中から学生たちを帰国させるような最優秀国ではなかったことも明らかである。

しかもこの二年は、人類史におけるパンデミックの歴史も明らかにした。それにより、パンデミックが人類史において何度となく生じており、その都度、その時代の人類が前のパンデミックを忘却していたという事実でもあった。パンデミックは人類史において忘却されては想起される構造のなかにあったのである（佐藤・吉見 二〇二〇）。

過去の教訓

他方で、人類史のような時間の幅はもってないものの、海外調査における事故事件もまた、忘れた頃にやってくる、という意味では忘却／想起の構造をもっている。日本人の海外における事故事件は「海外邦人援護統計」に掲載されており、この一〇年の海外渡航者数、事故災害件数、犯罪加害・被害人数は明らかである（〇・一％）。だが私たちが海外に出かける際には調査や学習に携わっているため、現地人との関わり方は、通常の関わり方とは異なる。

その点で参考になるのは、ナンシー・ハウェルを中心に、アメリカ人類学会が一九八七年に学会員三一一名に行ったアンケート調査結果である。アンケートを集計した結果は、想定をはるかに上回る事態であった。地域別に見た場合でも世界中で事故事件に遭遇した人類学者がおり、何らかの犯罪に遭遇した人類学者は三九％。また母集団を女性に限った場合の強姦および強姦未遂の被害者は七％だったが、これは間接証言を含めたり、そもそもが明かしにくい話題であることを考慮すると、実際にはそれ以上と考えるべきであり、事態の深刻さが想像できよう（Howell 1990）。アメリカ人類学会の場合、これを契機に書籍も刊行され、教授人類学も定期的に話題に上ってきた。二〇一四年アメリカでのインターネット調査の結果では、回答者六六六人中、六四％がフィールドでのセクシャル・ハラスメントも報告されている（飯嶋 二〇二〇）。

だがわが国では、研究者と現地との関係は重く配慮されたが、学生が現地で事故事件に遭遇することを避ける教育の知見の導入は後れてきたといえよう。先のアメリカ人類学会の書籍には、世界各地での人類学者の感染症状況についても書かれていたが（第一〇章）、このことは過去の教訓として活かされなかったと思われる。

新自由主義時代の大学運営

感染症のパンデミックは確かにフィールドで遭遇し得る事件事故のひとつである。その発生源は自然の領域に触れる（事故）とはいえ、教育場面での安全管理は感染症を人為的なもの（事件）に近づけ、実際にパンデミック管理を巡る裁判も生じている。だが上述の人類学の過去の教訓を踏まえれば、新型コロナウイルスという感染症だけに焦点化するとすれば、アメリカ人類学会の調査の包括性を再び受け止め損ねるものと言えよう。

アメリカ人類学会が取り上げている事件事故は当時のアメリカ人類学者が世界に散らばり、各地で遭遇してきた事例が包括的に取り上げられており、その項目は、自然災害、動物による被害、人間による被害、乗り物事故、寄生虫、感染症、変性疾患から精神疾患にまでわたり、感染症はフィールドで学生が遭遇し得る部分的な危険でしかない。そして理由の如何に関わらず、学生の安全管理が疎かにされた環境で事故事件が生じた場合、法廷では大学の責任が問われ得る（俵 二〇一八等）。

二〇一六年九月、九州大学屋久島プログラムで生じた事故がまさにそのような事故であった。屋久島で行われた一・二年生向けの授業初日、授業に参加していた学生の二名が溺れ、救急車で搬送されたが、うち一名が他界した（九州大学 二〇一七）。失われた命は取り返しようもなく、その遺族たちの苦悩も想像するに余りある。そうした事故事件が生じると、監督官庁である文部科学省が大学に再発防止策を求めるのは当然であるが、新自由主義時代下における大学運営は対外的な「エクセレンス」評価を重視し（レディングス 二〇一八）、コンプライアンス（倫理法令遵守）対応に終始する傾向がある。本章ではこうした文脈において大学として教育環境の安全性をどのように築いてゆけばよいのかを考える。

大学におけるフィールドワーク・ガイドラインのデザイン

諸大学での安全対策

上述した屋久島プログラムでは、事故直後に授業は中止となったものの、誰が他界した学生のご遺族や他の学生の帰宅を保護者に説明するのか、一～二年生向けの基幹教育の授業に農学研究院の教員が出向する形で行われていたため、事故の学内連絡網をどの範囲で共有し、学生を帰宅させる際の交通機関をどちらの事務が担当するのか、誤情報を流したマスメディアの報道にどのように対応するのか等様々な問題が噴出した。

こうして九州大学では二つの組織が発足した。一つは危機担当副学長のもとで発足した国立大学法人九州大学屋久島フィールドワーク学生事故調査委員会（一二名）であり、もう一つは教育担当副学長のもとで発足した授業実施における安全管理検討ワーキング・グループ（以下WG。七名）である。この両組織は、それぞれ事故が生じた年度内になる二〇二〇年三月に『九州大学総合科目「フィールド科学研究入門〝屋久島プログラム〟」における死亡事故について――原因究明及び再発防止のための報告書』（一二三頁）と『九州大学教育における安全の指針～野外活動編～』（七九頁）を公表した。

この機会に筆者も所属した安全管理検討WGで調査した際、国内二二の研究教育機関でなんらかのフィールドワーク対策を講じていることを把握した。特に、長崎大学、東京大学、愛媛大学、北海道大学などでは数十頁の包括的なガイドラインを備えており、長崎大学では「疾病・感染症対策」について、また愛媛大学では「伝染病」について既に対策を講じていた。こうした事実は、フィールドワーク科目を持つような大学ではその背後に大なり小なりの事件事故があったことを示唆していよう。

安全対策のデザイン・エスノグラフィ

こうして出来上がった『九州大学教育における安全の指針〜野外活動編〜』は、その前に刊行されていた東京大学の『大学・研究機関のための野外活動安全衛生管理・事故防止指針』にもならい、全六章構成で、第一章「野外活動を行うための基本心得」ののち、第二章「野外活動の前後に」で責任体制と保険や書式を伝え、第三章「野外活動の安全対策」で活動領域別の安全対策、また第四章「危害を与える動物・植物などへの対策」を述べ、第五章「事故が発生したら」で連絡体制と、第六章「救急蘇生」の方法を紹介するものとなった。

だが教育における危険性は大学の実験室や対人的なフィールドワークでも生じうるため、当初の安全の指針「野外活動編」に、「実験室編」と「学外活動編」を加えることになった。こうして筆者は後者の、対人的なフィールドワークやそこへの交通手段を含んだ「学外活動編」のサブ・ワーキング・グループ（以下SWG）長となった。その際、意識した課題は複数あったが、特に既にWGに届いていた「野外活動編」の効果等への疑問の声であった。

こうした疑問の声に対応するために筆者が導入したのが人類学で着手されてきたデザイン・エスノグラフィの手法であった。具体的には危機管理の諸研究を批判的なものも含めて入手し、学内一〇五名のフィールドワーク関連教員を直接インタビューし、また一三五名の教育実習担当教員（木村拓也准教授）の学生にはヒヤリハット体験を有無と内容をアンケート収集し（cf.木村ら 二〇二一）、対人関係のフィールドワークでは上述のように女性の被害が多かったためWG構成員に女性教員も二割確保し、学外の組織にも連絡体制や広報体制を調査に出かけ、疑問の声を上げた教員たちには直接会って、問題がどこにあると把握しているのかを収集した。こうして作成したのが『九州大学教育における安全の指針～学外活動編～』であった。

大学での安全対策の課題

「学外活動編」で変えたことは複数ある。第一に多くの教員がこうした事故事件を身近に感じていないためにこうした書類を無用の長物と受け止めていたことで、これに対応するため調査過程で収集したヒヤリハットの事例二七を記載して共有した。第二に、対人的なフィールドでは学生が被害者にも加害者にもなり得るため、保険には二重に加入すること。第三に、近年アクティブ・ラーニングやプロブレム・ベースド・ラーニングが推奨され、必ずしも教員が帯同しないためその書式も考案した。第四に、事故に遭った際の連絡網は、現地から直接保護者に連絡する形は止め、事務局から連絡すること。第五に、フィールドワーク後の報告では「事件事故・ヒヤリハット届」として、網羅的報告を求めたことなどである。当初の試作版では、野外活動編とデザインが大きく異なっていたため、前例にならうことが要請され、当初のデザインが活かされなかった個所もあった（飯嶋・安田 印刷中）。

この新たなガイドラインは二〇一九年に公表した。デザイン・エスノグラフィでは常套の試作版の感想はワーキング・グループ内で得ていたが、実際に多様な環境で使用することで改良の余地が見つかることはしばしばである。そのため、公表後は、WGの構成員が所属する各部局の事務・研究者に向けて、ファカルティ・ディベロップメント（以下、FD）等の機会があれば筆者が出かけるという連絡もし、実際に二部局ではこれを行った。

だがこの作成過程で何よりも痛感したのは、被害の大小はあれ、大学での事故事件は全国的に生じていたのに、九州大学の事故が生じるまで筆者自身にその自覚が乏しかったことであった。近年、学生が海外で過ごすプログラムを必須とする大学も増えてきたが、安全対策なしでこれを進めた場合、同種の事故や事件が生じ得ることは想定内になった。

コロナ禍におけるリスク管理ガイドライン作成

大学全体のリスク管理

対人的なフィールドワークでは国内外で既に大小の事故を孕んでいた。だがその対策は日本の大学について言えば、各大学（の部局）ガイドライン設置にとどまり、大学を超えた共有ができていない。このため、ガイドライン公表後、筆者は国内外の学会でこのことを発表し、要請があれば大学外のFDにも出かけた。そうしていたところ、世界的に新型コロナウイルスのパンデミックが話題になりはじめ、二〇二〇年度からは様々な学会がオンライン開催に移行した。こうしたなかで筆者が一一月末に参加したのが「大学教育における『海外体験学習』研究会」（以下ＪＯＥＬＮ）の分科会「コロナ禍における危機管理」であった。

九州大学では、筆者らのＳＷＧと新型コロナ対策用の感染症対策検討ＷＧは別の組織になったのだが、パンデミック下において学外のフィールドワーク授業と学内の授業が連動しない訳はないので、教育における安全の指針ＷＧがこれと連携しない以上、他大学の現状を学び合うしかなかったのである。ところがＪＯＥＬＮの分科会では逆に、一部の教職員が九州大学での事故とそのガイドラインについて知っており、研究大会後に分科会メンバーに接触を図ったところ、危機管理ガイドライン作成ＷＧに招聘されることになった。

このガイドラインの趣旨は、二〇二〇年度に全国各地で緊急に中止された留学やフィールドワークを再開する際にはどのような対策を行い、何を指標とすれば再開できるのかという、一大学を超え、旅行業務者や安全対策業務者も含めたＷＧ（九名）で作成することになった。こうして二〇二〇年三月に完成したのが『コロナ禍における「海外体験学習」再開のための ガイドライン作成に向けた提言』（六七頁）である。

現場レベルでのリスク管理

筆者はそれまでの経緯から、主に第一部の「大学全体のリスク管理」の執筆を任された。ＪＯＥＬ

Nで想定する「海外体験学習」は、標準二週間程度のものであり、そこには語学研修的なものもあれば、フィールドワーク的なものもある。コロナ禍でこうしたプログラムを再開させる場合、まず事前にやるべきことは、大学による情報集約である。学生の出身地にいる保護者から現地の情報収取に至る範囲をカバーするには、個々の教員では無理なので、対策委員会などを形成し、一方で学生や保護者、他方で現地情報、その両者をつなぐ教職員と情報を共有し、予め中途キャンセルや罹患者が出た場合も含めた計画を立てる。また計画書が提出された場合にそれが妥当なものかどうかを判断する委員会組織を持つ必要がある。

次に必要なのが第二部に書いた「現場レベルでのリスク管理」である。これには新型コロナウイルスという二種間程度の潜伏期間と、感染力の強さ、また症状悪化する性質を捉えた感染症の保険対策と医療対策が必要になる。こうした特徴を持つ感染症が発症した場合、出発前や、移動中、また到着後に（たとえ自分ではなくとも集団内で陽性者が出た場合）参加がキャンセルされて帰国したり、施設滞在や入院が長引いたり、重症化した場合の出費は通常の保険の範囲外になる。そのため、引率者側では全員を通常の保険以外に、「旅行変更費用補償特約」と「治療・救援費用」無制限プランの二種類に加入することが推奨される。

また、特に出発後は、移動・宿泊・現地プログラムの各所での予防に努める必要があるが、実際に罹患者が出た場合、現地での対処方法や機関を把握して、その手順で治療・療養に臨むことは当然として、発病者とそれ以外の者たちのゾーニングや隔離期間中のプログラムなどについて決めておくことになる。

オンラインアンケート概要

また第三部には「オンラインアンケート概要」を掲載した。これは二週間という限られたアンケート期間ではあったが、二〇一九年度末から二〇二〇年度について、「海外体験学習」実施機関二四機関と、「海外体験学習」参加（希望）学生八名、その保護者二名から、コロナ禍での海外体験学習プログラムについて質問に回答してもらうものとなった。

まず実施機関側で特徴的だった項目を紹介すると、約五八％が実施を見送ったことが分かった。実施した約四二％について、ヒヤリハットを見ると、七件のうち「当時、コロナ感染者＝中国人というイメージがあり、街中で“Hello Corona!”と言われたり、すれ違う際に口を押さえるなど差別的な態度をとられたりすることがあった」り、帰国時に「感染が世界に広がり始めた二〇二〇年三月頃、ケニア派遣中の学生を日本に帰国させる際に、情報の錯綜、国境封鎖、相次ぐ航空機のキャンセル等で、派遣生・親御さんともに不安が大きかった」などがあり、本書第I部に書かれていた学生の体験が本調査からも裏付けられる。

次に、学生側で特徴的だった項目を紹介すると、アンケート当時でも約六三％の学生が海外体験学習プログラムに参加希望であること。オンラインへの参加希望は約三七％に落ち込むこと。なぜなら彼らが求めているのは「現地での活動（ボランティアや、調査活動など）」であり、「視野の拡大」や「自身の成長」を求めているので、オンラインではこれらが部分的にしか実現されないと判断していることがうかがわれた。他方で彼らが実施機関に安全面で求めることには「交通手段・宿泊場所の安全性、テロなど緊急時への対応」「事前学習でその国でのNG行動などの講義」「しっかりとした情報の提供」が期待されており、事前説明と行動責任をしっかり説明しないと一方的な期待をかけられることも分かった。

魂うつれ

保護者・学生、教員・職員、現地の成長

以上、それぞれの時期や資料の制約はありながらも、パンデミック下でのフィールドワークの安全環境の構築を教員側から考える際には、第一に、プログラムの直接関係者となる学生・教員・現地ホストの三者の安全環境を構築しなければならないが、第二に、その背後にいる保護者・職員・現地社会との間で生じる不安も包括的に視野に収めて説明や承認をとる必要があり、第三に、新型コロナの罹患だけでなく、むしろフィールドでこれまで生じてきた事故事件のリスクのひとつに感染症リスクが加わったと認識しておかないと、コロナには感染させなかったが、フィールドでの事故事件には巻き込まれた、ということでは本末転倒になることもわかるであろう。

こうした展望において眺めるとき、現在の諸大学で個々の教員の置かれた位置には厳しい課題が山

積していると言わざるをえまい。一定の国立大学や私立大学のように、教員数が確保されている大学ばかりではない。むしろ、理工学系教員や人文学系教員との間でフィールドワークの意味の理解を取り付けるだけで精いっぱいであるという教員もいるに違いない。そうした環境にもある教員たちであっても、過去の教訓から学び、それぞれの教育環境でより危険性を下げるためにどのような選択オプションがあるのかをこれらから選んで取り込んでもらえれば幸いである。

発達心理学にはそれを乗り越えることで本人たちが成長する「発達課題」という術語があるが、コロナ禍でのフィールドワークはまさに保護者・学生、教員・職員、現地の発達課題となろう（Robert J. Havigurst の概念、當眞 二〇一五：二二五―二二六）。

新自由主義下での大学行政を人間化する

他方で、筆者がこれらのガイドラインを作成する際に、もう一つの対話相手としなければならなかったのが、現在の大学が置かれた制度とその時代である。

周知のとおり、中世に生まれた大学という制度は、近年、国民国家の後ろ盾が後退しつつある（吉見 二〇一一）。文部科学省は経営モデルを大学に適用し、大学改革を促進させてきたが、むしろその方策自体が病理であると批判されている（佐藤編 二〇一八）。大学の運営を構成する部局長等は研究者のなかから選挙で選ばれるが、ある特定領域の研究者も大学全体の構成員としての運営は専門外になる。そこで直面するのが新自由主義下で出てきたエクセレンスの格付向上とその別面のコンプライアンス化である。

超高齢化社会と消滅地方都市という展望のなかに大学を置き、産学連携で財産を生み出す機関としての大学という発想になれば、手堅い生産性を期待できるのは医学や工学を中心とした諸学であり、人文社会科学が衰退すれば、のちに検証されかねない根拠も残さず政策を進めようとする者たちには、自らの施策の恣意性を探られなくても済むというものかもしれない。

筆者が念頭に置いてきたのは一方で、こうした大学の監督者が陥りがちな、事件事故に遭遇したひとびとの苦しみに見られるいのちの営みを、対外的な信頼重視で対処してしまう大学行政の機構であった。こうした趨勢に抗して行ったことは、研究者として課題に臨んだというだけである。具体的には、大学の委員会選びにあるローテーションという平等主義をやめ、自らの専門性で調査し、限定されながらも収集した資料を分析した根拠に基づいて判断を下し、その問題に取り組む持つ者たちと一般化する姿勢である（cf.サンスティーン 二〇一五）。この周回遅れの姿勢が、しかし、現在の大学行政を人間化する本道になるのである。

安全の向こう側

かつて、熊本県芦北の漁師、緒方正人は、自らの父を水俣病で亡くし、自らその患者運動の渦中に入るも、いのちへそのものへの洞察から運動をおり、ひとりの人間として近代システムに絡み取られた人々に語りかけ、本願の会を形成して機関紙『魂うつれ』を刊行した。

緒方は水俣病から学ぶべき特徴を三つにまとめた。すなわち、漁民たちは世間で魚が売れなくなっても魚を食い続けた。胎児性水俣病の子どもが産まれてもさらに産み育て続けた。傷つけられ殺され続けても誰一人殺さなかった（緒方・辻 二〇二〇）。この三つが指し示すのは、水俣漁民たちは事件の渦中にあってもいのちを大切にして生きた、ということである。

人類の歴史において人々がこれだけ生き残ってこられたのは、たまたま不運に見舞われた人間には、たまたま幸運に恵まれた人間が富を分け、最大多数で生き残ろうとしてきた原理が機能し続けたからであろうと私は思う。大学とは、こうしてたまたま運よく実力が発揮できる条件と環境に恵まれた人間たちが集まって、たまたま不幸を担わされた人間たちのことも含めて問題を創造的に問う研究者の集まりの場にほかならない。

私たちが目指すのは、大学教育の安全性それ自体ではない。また新自由主義下で凡庸な悪に落ちる行政機構に抗うことだけでもない。わたしたちは、いのちを大切にするエージェントの一員として、全人類とそれを支える全生命を視野に収め、それらを視野に収められる自らの存在の不思議さも含めて、知的に探究する場としてこの大学という研究教育の場に魂を込めたいと思う。いのちは私たちの制御下にはない。だからこそ、与えられたいのちを大切に育み、お互いに学んで、より豊かないのちの生き方を探求する意味があるのである。さあ、安全性の向こう側にあるいのちの世界に眼を凝らそうではないか。

参考文献

飯嶋秀治 二〇二〇「人類学会の安全教授と大学ガイドラインの間で」澤柿教伸ほか編『フィールドワークの安全対策』古今書院、一〇二―一一二頁。
飯嶋秀治・安田章人 印刷中「対人・対社会フィールドワーク・ガイドラインの策定（仮題）」、椎野若菜・小西公大編『フィールドでの災難・失敗にどうむきあうか』古今書院。
緒方正人・辻信一 二〇二〇『常世の舟を漕ぎて 熟成版』ゆっくり小文庫。
木村拓也ほか 二〇二一「教育実習における指導法の一環としての安全教育―ヒヤリ・ハット事案データからの示唆」『九州大学教職課程研究紀要』五号、一―一〇頁。
国立大学法人九州大学屋久島フィールドワーク学生事故調査委員会 二〇一七『九州大学総合科目「フィールド科学研究入門〝屋久島プログラム〟」における死亡事故について』九州大学［https://www.kyushu-u.ac.jp/f/30135/20170331-1.pdf］（二〇二二年一月七日閲覧。ただし現在は改訂版が掲示されている。）
佐藤郁哉編 二〇一八『五〇年目の「大学解体」／二〇年後の大学再生――高等教育政策をめぐる知の貧困を越えて』京都大学学術出版会。
佐藤郁哉・吉見俊哉 二〇二〇「知が越境し、交流し続けるために」、『現代思想』四八（一四）、八―二〇頁。
サンスティーン、キャス 二〇一五『恐怖の法則』角松生史ほか訳、勁草書房。
授業実施における安全管理検討WG 二〇一九『九州大学教育における安全の指針～学外活動編～』（九州大学「教育・研究における安全管理」［https://www.kyushu-u.ac.jp/ja/education/safety］参照、二〇二二年一月七日閲覧。ただし現在は改訂版が掲示されている。）

ＪＯＥＬＮ コロナ禍におけるリスク管理ガイドライン作成ワーキング・グループ 二〇二一『コロナ禍における「海外体験学習」再開のための ガイドライン作成に向けた提言』[http://joeln.jp/wp-content/uploads/2021/04/92f489d8beab849df28cf7aa5b78551a-1.pdf]（二〇二二年一月七日閲覧）
俵正市 二〇一八『学校事故の法律と事故への対応』第三版、法友社。
當眞千賀子 二〇一五「街の発達課題を見立てる」九州大学大学院アーバンデザインコース編『都市理解のワークショップ』九州大学出版会、二一四―二三五頁。
レディングス、ビル 二〇一八『廃墟のなかの大学』青木健／斎藤信平訳、法政大学出版会。
吉見俊哉 二〇一一『大学とは何か』岩波書店。
Howell, Nancy 1990. *Surviving Fieldwork*. Sage University Press.

15章　留学は苦難、それは成長
——緊急事態における自らの「よそ者」性との向き合い方

関根久雄

「旅＝苦難」→成長へ

「可愛い子には旅をさせよ」という諺を聞いたことがあるだろう。我が子を愛おしいと思うなら、手元において大事に育てるだけでなく、一人で旅に出し、世間の苦労を体験させ、人間的成長をうながすのがよい、という意味である。近代以前の時代における旅は交通や宿泊、安全、情報などの面で現代よりもおそらくはるかに困難な状態であったことから、旅は「＝苦難→成長へ」という図式で捉えられる特別な事柄であった。同じようなことは、ジャン＝ジャック・ルソーも近代教育学の古典『エミール』の中で、旅を教育の一部と捉え、旅を通じて悪くなって帰ってくる者の方が多いものの、知識をひろめたいという志をもった青年は旅から多くのことを吸収し、いっそうすぐれた者、いっそう賢明な者になって帰ってくると述べる（ルソー 一九八二（一七六二）：五一三）。それゆえに、「観察すべき事実があれば、どんな種類のことでも、本を読むのではなく、自分の眼で見なければならない。（中略）どんな人であろうと、一国民しか見ていない人は、人間というものを知ることにはならないで、一緒に暮らしてきた人たちを知っているだけにとどまる」（同、五〇九）と述べ、青年にとっての旅の有用性を説いている。仲島は、ルソーの言うこのような青年の学びの「旅」が、「旅の主体が青年であり、その目的が教育にあること、長期間（二年間）にわたり、行き先として外国が念頭に置かれていることから、今日の日本語での『留学』と重なる」（仲島 二〇一一：九九）ことを指摘している。現代における大学生の海外留学、「旅」は、『エミール』の時代はもとより、少なくとも筆者が大学生であった一九八〇年代前半期と比べてもはるかに一般化しており、特別なことではなくなっている。しかしそれでも、「旅」に「＝苦難→成長へ」と同様の教育的発想が根底にあることに変わりはない。そこでの「成長」とは人格的なことだけでなく、より具体的には語学力の向上、キャリアアップ、異文化交流、海外生活経験を通して見聞を広める、ということと関係して語られる。

そのような「旅」を後押しするようになった近年の背景には、日本政府が打ち出したグローバル人材育成政策の推進がある。二〇一一年にグローバル人材育成推進会議が公表した中間まとめによると、海外へ留学する日本人学生の数は二〇〇四年度における八万二九四五人をピークに減少に転じ、二〇一二年度には六万〇一三五人にまで落ち込んだという（文部科学省 二〇二二）。特にアメリカの大学に在籍する日本人学生数は大きく落ち込んでいることが指摘されている（グローバル人材育成推進会

議　二〇一一：一―三)。同会議は中間まとめ報告書の中で、中国やインド、韓国といったアジア諸国の実績と比べても劣っている実情を憂い、「人口減少と超高齢化が進む中で、東日本大震災という深刻な危機を経験している我が国の経済が新たな成長軌道へと再浮上するためには、創造的で活力のある若い世代の育成が急務である。とりわけ、グローバル化が加速する二一世紀の世界経済の中にあっては、豊かな語学力・コミュニケーション能力や異文化体験を身につけ、国際的に活躍できる『グローバル人材』を我が国で継続的に育てていかなければならない」(グローバル人材育成推進会議　二〇一一：二)と結論づけている。ちなみに、そこで取り上げられているグローバル人材とは、「世界的な競争と共生が進む現代社会において、日本人としてのアイデンティティを持ちながら、広い視野に立って培われる教養と専門性、異なる言語、文化、価値を乗り越えて関係を構築するためのコミュニケーション能力と協調性、新しい価値を創造する能力、次世代までも視野に入れた社会貢献の意識などを持った人間」(同、七)のことである。このような、ある意味スーパーマン的な人材を育成することは至難であろうが、留学という「旅」はそのような人材育成と密接に結びつけて捉えられているのである。

本書に寄稿した留学経験者(以下、寄稿者)たちの留学目的や形態は、大学からの交換留学、研究に関連した大学院生の留学、ダンス・パフォーマンス力向上のための留学など、様々である。寄稿者の中には、二〇一三年に文部科学省を中心に始められた官民協働の海外留学支援制度「トビタテ！留学JAPAN」に選ばれて渡航した学生もいた。彼女たちのケースは、広義には上記のグローバル人材育成の文脈に沿っているとも言える。もちろん、留学をしたからと言って、言い換えると、「旅＝苦難」を経験したからといって即成長（＝グローバル人材化）するわけではない。しかし、その第一歩としての留学＝旅の意義は、決して否定されるものではない。

本書に収められた留学経験は、「旅＝苦難」の部分にパンデミックという全世界的な緊急事態という特殊事情を含むものであった。寄稿者たちの文章からはそのような事情における「旅＝苦難」をふまえた「成長」に関わる様々な内容が込められていた。本章では、その「『旅＝苦難』↓成長へ」のうちの「↓成長へ」の部分にどのようなエッセンスが含まれていたのかを、以下に述べるよそ者概念を手がかりに考えてみたい。

よそ者性が明らかになる時

「いつか帰る」人としての留学生

本書7章の高橋は、アメリカでの経験から、「新型コロナウイルス感染症の流行拡大による帰国を経験し、留学生という立場は非常事態ではとても不安定で、多くのリスクを背負っていることを実感した」と述べている。そのリスクには、思うように身動きが取れなくなったことも含まれるが、「アジア系の見た目をしていること」による「ある種の居心地の悪さ」という、よそ者意識の前景化がみられる。

社会学者のゲオルク・ジンメルは、よそ者（stranger，異郷人）について「今日訪れて明日去り行く放浪者としてではなく、むしろ今日訪れて明日もとどまる者——いわば潜在的な放浪者、旅は続けはしないにしても来訪と退去という離別を完全には克服していない者」（ジンメル 一九九四（一九〇八）：二八五）と位置づけている。そして、そのようなよそ者は、一定の空間的広がりの内部に定着していても、はじめからそこに所属していないこと、そこに由来していない、由来することができないという本質的性質をもつとも述べている（同、二八五）。上記における放浪者（今日来て明日去る人）はジンメルの記述から旅人と言い換えることもできる。彼の言う放浪者（旅人）とよそ者との違いは漠然とした逗留の「長さ」と定住可能性の有無にあるといえるが、同時にどちらも、「いずれ立ち去る（帰る）」可能性をもつ者といえる。

留学生は外国からやってきてそのまましばらく（例えば、数ヶ月〜一年）滞在し、やがて立ち去る、「今日訪れて明日も留まるが、いずれ確実に去り行く者」であり、その意味ではジンメルのいう潜在的な放浪者（潜在的旅人＝よそ者）に含まれるであろう。本書の寄稿者の体験において「帰る、帰れない、帰らない、帰りたい」という、去り行くことに関する葛藤が多く見られるのも、彼女たちが「帰る」ことを常に内に抱えたよそ者という存在そのものであったからである。

よそ者の自覚——罵られること、情報弱者であること

ほとんどの寄稿者が述べているように、新型コロナウイルスの感染拡大によって、「たった数週間

で環境が一変する」事態に直面した。レストランやカフェが営業停止となったり、スーパーマーケット以外の商業施設が閉鎖されたり、国境を越える移動に制限がかけられたり（航空便の減便、フライト・スケジュールの混乱など）、国内全土でロックダウンが始まったりするところもあった。日本国内でも同時期にクルーズ船内での感染が発生したり、全国の小・中・高等学校を臨時休校とする要請が政府から自治体に発出されたりするなど、これまで誰もほとんど経験したことのない急速な事態の変化に、おそらく世界中の誰もがウイルスへの強い恐怖心を抱いたはずである。ほんの数週間前まで何も違和感なく現地で生活した寄稿者たちは、一変するほどに「よそ者」である自分に気づかされた。そのことは、主として、現地で罵られることと、情報弱者の問題として現れた。寄稿者たちは留学先で、現地の人々から次のような言葉を投げかけられたという。

バスの運転手に「コロナだから乗るな」と乗車拒否されたり、スーパーマーケットの店内に入るまでに何度も「コロナウイルス！」と言われたりした。（フィジー）

小学生くらいの子どもたちに「コロナウイルス」と呼ばれるなど、一部で差別的な出来事があった。（スペイン）

日本や中国、韓国といったコロナ感染者数が多い国の人だと分かると、「コロナ」などと罵る人も多くいた。（モンゴル）

時々道端で、「コロナ！」「チャイナ！」「チャンチュンチョン（中国語の響きをまねして東アジア人を

からかう声)」と声をかけられたり、日本人どうしで歩いているとサッとよけられたりしていた。(バングラデシュ)

中国系をはじめアジア系の外見をする一般人が暴力やヘイトスピーチの標的にされる事件が数回起こっていた。アジア系の見た目をしていることで、ある種の居心地の悪さを感じるようになった。(アメリカ)

アジア系の風貌を理由に、ラウンドアバウトでお客さんを待つバイクタクシーの運転手たちから突然「コロナ!　コロナ!」と叫ばれた。(ケニア)

アジア人が皆コロナウイルスを持っているか、という勢いで、外国の人は我々を怖がるのだ。こちらを見ると、バスの窓を開けて通気性をよくしようとしたり、とりあえず服の襟の部分で自分の口を軽く覆う。他には、できるだけ出口に近い場所に移動してみたりだとか。(イタリア)

新型コロナウイルスの発生源が中国・武漢であるという情報が当初より世界中で共通の了解事項として流布されていたために、東アジア系の人々の風貌の区別がつかない現地の人々が、感染への恐怖や、流行による経済活動の制限、日常生活の変化に対する不満のはけ口として日本人など東アジア系の人々を差別の対象とした。寄稿者の友人でアメリカで生まれ育ったアジア系アメリカ人がその「見た目」から差別の対象になったという。実際にはそのようなアジア系アメリカ人は「帰らない」人であるが、匿名の関係性においては相手の出自や真の属性などどうでもよく、見た目からよそ者というレッテルを貼られ、差異化されていった。このようなことを通じて、寄稿者たちは「図らずもマイノリティとしての意識を強く感じるようになり」、「コロナ保有者としてスティグマ化され、感染リスクよりも、危害を加えられるリスクの方にリアリティがあった」と述べるように、親しみをもっていた留学先社会に対する強い恐怖心と、それと連動した、よそ者としての自分の存在を強く自覚するようになったのである。ここでいうスティグマとは、ある社会において「好ましくないとされる違い」のことで、社会的には文化、人種、民族、ジェンダー、障害などにおける差別や偏見の形となって現れるもののことである。

このような「見た目」という属性に基づいた現地の人々からの扱いによって自らのよそ者性を自覚するほかに、以下のように、寄稿者たちは緊急時における情報収集の困難さからもよそ者であることを自認していた。

緊急性の高い非日常的な事態に直面したとき、真実を把握することと、それを踏まえて迅速に正しい行動を選択することが求められる。そのことは、自国で生活していようと海外に滞在していようと自明のこととしてあるが、とりわけ海外にいるときには、言語の未習熟、人的ネットワークの狭さ、様々な現地メディアからの情報選別に不慣れであることなどの制約条件によって、困難を極める傾向にある。そしてよそ者は、このように情報弱者であるがゆえに、極度に不安や恐怖を覚えることにもなる。

公用語がクロアチア語であったため、情報収集には特に苦労した。重要なニュースは、テレビやネットなどにおいてクロアチア語で発信されていた。（クロアチア）

情報は基本的にモンゴル語のみで、私のようにモンゴル語が分からない留学生にとっては不安に感じる時間が増えた。（モンゴル）

現地政府の公式発表がマレー語で行われることもあり、マレー語での投稿も目立った。そんな中、私を含めて言葉の分からない外国人は正確な情報を思うように得ることができないでいた。留学先で突如訪れた新型コロナウイルス感染症のパニックの中で、一人取り残されたような不安と孤独感を味わった。（マレーシア）

現地の友人たちはSNSなどで情報を交換するなどして、マスクを確保できていた。自分は現地の友人を頼って情報をもらったり、マスクを分けてもらったりすることができた。現地人どうしの綿密な情報網には、その土地に住んで数ヶ月でやすやすと入り込めるものではないだろう。（マレーシア）

ウイルスという見えない敵や不確かな情報によって不安や不信を掻き立てられ、多くの人が惑わされていると、危機感を抱いた。（アメリカ）

危機的状況の際におこなう判断を誰かに委ねたり、委ねさせたりしない。おかれている状況を誰かのせいにして責めているうちにも、刻々と事態は悪化していく。もしも自分が思い描いていたように物事が進まないときには、また別の方法・別の角度で試してみる癖をつけることは重要である。（フィジー）

アジア系であることを理由に罵られること、そして情報弱者であることから自らのよそ者性を強く自覚し、「身の危険」という具体的な損害への不安と恐怖を覚え、それがさらに「帰れないかもしれない」という不安、滞在費の不安などと相乗してスティグマ的よそ者意識がより強固になる。5章の椋下は「何を信じればよいか分からず、自分が今何をすればよいのか分からなかった」と精神的に追い詰められ、一刻も早く日本に帰りたいと考えていたという。このような「帰りたい」という感情や、周囲の状況をふまえて下す「帰る」という決断は、「帰れないかもしれない」という負の感情と常に背中合わせになっている。留学生は「いずれ確実に去り行く者」としてのよそ者であり、それゆえに、帰れなくなることは現地での自らのあり方に想定外の重大な変更を迫る恐れが生じる異常事態ということになる。

他方、敢えて「帰らない」という選択をした人もいた。9章の岩﨑、10章の北野、11章の濱岡はいずれも前出の「トビタテ!留学JAPAN」の奨学金を得て留学していたが、外務省の感染症危険レベルが全世界で二（不要不急の渡航中止勧告）以上に引き上げられたことを受けて、帰国要請を受け、奨学金の支給が中止される事態となった。帰国要請の主な理由は、現地において十分な医療を受けられないおそれと、帰国する手段がなくなるおそれがあったからだという。しかし彼女たちは、帰国のために長距離を移動することの感染リスク、帰国後に家族や周囲の人たちを感染させてしまうかもしれないという不安から、帰国をためらった。そこには「ここで帰国してしまうともう二度と留学できない」という機会喪失への忸怩たる思いと同時に、逆に「日本に帰れないかもしれない」という不安感の錯綜も、おそらく皆無ではなかったであろう。しかし、「帰らない」という選択は、残る以上のリスクを考慮した上での冷静な判断であり、これは戦争や紛争、災害などの緊急事態とは異なる、パンデミックという文脈特有のよそ者の姿であるとも言える。

よそ者性がやわらぐ時

しかし、そのような状況においても、寄稿者たちの語りには、よそ者性を緩和させる機会も少なからず存在したことがうかがえる。例えば、同じ苦境に立たされた際に助け合った留学生仲間、ホストファミリー、友人、知人、地域住民などとの関係である。その関係には、留学生が暮らす現地の社会（コミュニティ）で形成される人々の間の信頼関係や絆、人々の間を取り結ぶネットワーク、人々の間に共有されている規範などが介在し、協調行動を促すものとして機能している様子が垣間見られた。このような留学生と他者、とりわけ現地の人々との協調行動を促すような信頼と交流を、ここでは社会関係資本と呼ぶことにする（国際協力事業団 二〇〇二：二）。

6章の田中は以前NGO活動を通じて数年間バングラデシュで暮らしていたこともあり、ベンガル語を不自由なく話すことができ、日常生活も現地の人と同様に送ることができていた。しかしそれでも、コロナ禍においてアジア系に対する偏見に苦悩していた。よそ者であることの自覚である。そんな折、松葉杖をつく現地の男性から温かい言葉をかけられたことを機に、自らの心の余裕のなさに気づき、近所の人たちと同じように振る舞うことができるようになったと述べている。また、2章の神村は、五年前に高校のプログラムでホームステイした家のホストマザーから「食料などで困っていたら遠慮せずに言ってね」といった心強い言葉をかけられたりもした。さらに11章の濱岡は、滞在していたスウェーデンの大学の学生寮の仲間たちと日々情報や意見を交わし合い、自分が感染した場合の連絡先や家族との通信方法、寮の中で感染者が出た場合の対応などについてみんなで考えておくことができたという。このような現地での私的な人的ネットワークや信頼関係といった、匿名でない関係性、すなわち記名的関係性のもとにある人々とのコミュニケーションによる社会関係資本の蓄積によって、恐怖や不安に支配されたよそ者意識は揺さぶられ、いくらかでもそれを緩和させていたことを示している。9章の岩崎は、パンデミック発生後の情報収集において情報発信のスピードの速い順に、「学生や知り合いのネットワーク」、「現地英語メディアでの報道」、「現地日本語メディアでの報道」、「日本国大使館の情報」を挙げていた。情報の信憑性という点でみると必ずしもこれと同じ順にはならないようだが、現地に信用できる友人・知人を持つことの重要性を痛感したという。他の寄稿者の中にも「現地の知り合いや友人のネットワーク」の重要性を指摘する声が少なからずあった。一年以内の短期留学で現地の人々との間で十分な社会関係資本を蓄積することは一般的には難しいかもしれないが、少しでもそれに近づけることで上記のようによそ者性を緩和させる可能性がある。そしてそれは、「帰らない」というもう一つの選択肢をあと押しする要素にもなりうる。

「↓成長」とは共生について考えること

本書の寄稿者たちは、パンデミックに伴う今回の「特異な」経験（＝苦難）について次のように述べていた。

今後世界はさらに急速に変化を続けるだろうし、大なり小なりの「前例のない非常事態」を誰しもが経験することになるのではないかと思う。そのような場合においては、唯々諾々と前例に従うことがただ一つの道ではないということをここで強調したい。（スウェーデン）

今の時代は、いつ何が起きてもおかしくない。そんな時代だからこそ、周りを頼りながらも、最後はしっかり客観的な視点を持ちつつ自分で決断することが大切であると思う。（クロアチア）

非常事態だからこそ経験できたその国の空気や人々のリアルな危機感、あるいは世界史的な動きについて身をもって知ることができる貴重な機会でもある。（アメリカ）

この経験を通して感じたことは、次の三つである。①隣にいる人との共感と情報共有、②情報とそれに対する想像力、③選択を正解できるのは自分自身であるということである。（キューバ）

元々寄稿者たちは語学力の向上や研究テーマに関するデータの収集、キャリアアップのための知識や技能習得、異文化経験などを目的に留学していた。留学前には言葉の問題をはじめとする数多の苦難を想定していたであろうし、それらを克服して成長する自分の姿をイメージしていたかもしれない。しかし、予期せぬパンデミックに伴う苦難は彼女たちの留学に別の副産物的な成長の機会をもたらしたとも言える。上記の彼女たちの言葉は、不測の事態に直面する可能性とそれに向き合う確固たる自己の確立の必要性を指摘したものである。このことは、初めて一人で直面した危機的状況を通じて得た、彼女たちの率直な思いであるに違いない。

しかし、本章ではそのことに加えて、「よそ者としての自己の再発見」という副産物を強調しておきたい。社会学者の徳田は、よそ者としての他者、よそ者としての自己と向き合いながら多様な背景を持つ人間どうしが共生できる社会を模索することの必要性を説いている（徳田 二〇〇五：一五）。よそ者という用語には、ジンメルが言うように、「そこに所属しない、由来しない、由来できない」という本質的要素を伴うがゆえに、文脈によっては区別、差別、排除といった否定性が付随しやすい。本書の寄稿者たちはそのことを、「罵られる」ことを通じて痛感し、情報弱者としても感じ取ったはずである。そしてさらに言えば、誰もが、ある特定の社会集団や人間集団において「よそ者」というカテゴリーに括られる可能性をもっている。つまりそれは、他者に開かれた一般的な現代社会であれば、常によそ者という存在と同居することになるということであり、誰もが文脈の違いに応じて、「よそ者の側」と「よそ者を受け入れる側（あるいは排除したり差別したりする側）」、いずれにもなりうるということである。

緊急事態において異郷の地は匿名性に包まれた言葉や態度で突如として牙をむく。それはパンデミックのような感染症だけでなく、おそらく戦争・紛争、災害においても同様であろう。事態の変化に伴い現地の人々が生活において苦境に立たされる時、特にそれは顕著に表れる。留学生は「今日来て明日去り行く（単なる）放浪者」ではなく、しばらく留まる者である。しかし現地の人に「なる」わけではないし、移民のように現地の人に「なる」ことを希望してもいない。「帰る」場所があり、確実に帰ることを前提にした存在である。それゆえに、緊急事態において立ち去ることが主要な関心事になり、それが達成されることによって自己のよそ者経験は人生における大きな教訓を伴う思い出の一つになりうる。しかし、罵られたり情報収集で困惑したりして、よそ者としての自己の存在を明確に意識することになった今回のパンデミック経験は、単に「大変な思いをした」とか「いい経験だった」という話に終わらせるのではなく、徳田が示唆するように、よそ者としての自己と向き合い、それを通して異質な他者との「共生」の有り様にまで思いを巡らせるきっかけになる出来事として捉えるべきではないだろうか。そのように考えることをグローバル人材の育成と表現してしまうと、いささか陳腐に聞こえてしまうかもしれないが、緊急事態においてよそ者性を明確に自覚した時、あるいはスティグマ化された時、「他者との共生」など考える余裕はなく、むしろそれは、実際には現実から最も遠いところにあるトピックとされてしまうかもしれない。しかし、遠いからこそ、考えにくいからこそ、冷静になった時に敢えてパンデミック経験を「よそ者との共生」という観点から捉え直してみることが、本章の冒頭で述べた「旅＝苦難」→成長へという図式における、真の成長に近づくことになるのではないかと考える。

留学「旅」＝よそ者としての苦難→成長、それは他者との共生について思いを馳せることなのである。

参考文献

グローバル人材育成推進会議 二〇一一「グローバル人材育成推進会議中間まとめ」文部科学省ウェブページ［https://www.mext.go.jp/a_menu/koutou/shitu/sangaku/1301460.htm］（二〇二一年八月七日閲覧）。
国際協力事業団 二〇〇二『ソーシャル・キャピタルと国際協力――持続する成果を目指して［総論編］』国際協力事業団国際協力総合研修所。
ジンメル、ゲオルク 一九九四（一九〇八）『社会学（下）』居安正訳、白泉社。
徳田剛 二〇〇五「よそ者概念の問題機制――『専門家のまなざし』と『移民のまなざし』の比較から」『ソシオロジ』四九（三）：三―一八頁。
仲島陽一 二〇一一「ルソーの留学論」『国際地域学研究』一四：九九―一〇八頁。
文部科学省 二〇二一「報道発表　令和三年三月三〇日」文部科学省ウェブページ［https://www.mext.go.jp/content/20210617-mxt_gakushi02-100001342.pdf］（二〇二一年八月九日閲覧）。
ルソー、ジャン＝ジャック 一九八二（一七六二）『エミール』永杉喜輔・宮本文好・押村襄訳、玉川大学出版部。

おわりに　行って戻った旅の後から——新しい物語りを始めよう

清水　展

フィリピンからの緊急帰国

留学ではありませんでしたけど、私も皆さんと同じような体験をしました。二〇二〇年三月下旬にフィリピンの首都マニラをはじめ中部ルソン地域がロック・ダウンされました。そのとき私は西ルソン・サンバレス州カステリホス町にいました。まだ調査期間の半ばでしたけど予定を変更し、市町村間の移動の禁止が発令された一八日の夜九時に車をチャーターしてパンパンガ州アンヘレス市のクラーク国際空港に向かいました。途中の州境などに設置された軍の検問所で兵士にパスポートを見せ空港に向かうと説明したら問題なく通してくれました。翌早朝の便に乗って帰国しました。フィリピンはその後も感染者の増減を繰り返しながら、今（二〇二一年一二月）も厳しい制限を続けています。公立の小中高は半年ほど閉鎖された後、オンライン授業で再開されました。けれど貧しくてタブレット端末を買えずネット環境を整備できないために、授業に参加できない生徒が五割ほどいます。

サンバレス州は、私が大学院生だった一九七七年一〇月から二〇ヶ月、ピナトゥボ山の南西麓にあるカキリガン村で文化人類学のフィールドワークをしたところでした。そして一九九一年六月にピナトゥボ山が二〇世紀最大規模で大噴火したとき、山麓の一帯に住んでいた約二万人の先住民アエタ（アジア系ネグリート）がいちばん大きな被害を受けました。焼畑地も家々も三〇～四〇センチほど厚く火山灰が積もりました。幸い噴火の直前にほぼ全員が故郷の村を出て、平地キリスト教民が住むふもとの村や町の学校、教会、公民館などに一週間ほど緊急避難をしました。続いてテント村などで半年ほどの仮住まいをしたあと、政府が造成した再定住地に移り住みました。

フィールドワークでお世話になったカキリガン村の友人知人たちも被災し、故郷を去り新しい土地での生活再建を余儀なくされました。たまたま私は噴火の前の四月から一年間のサバティカル（研究専念休暇）でフィリピンにいました。噴火後には当初の調査研究計画を変更して、被災者の緊急支援（医療と食料）と復興支援（生計プロジェクト）を行う日本の小さなＮＧＯ（ＡＶＮ）のボランティア・ワーカーとなりました。以後、定期的に再定住地の友人知人たちを訪れ、旧交を温めるとともに彼らの生活と意識の変容についての調査をしてきました（その報告は清水二〇〇二［二〇〇三］、二〇〇二一を参照）。

噴火前の彼らは、移動焼畑農耕を主たる生業とし、狩猟採集で補助的な食物を得てほぼ自給自足に近い生活をしていました。しかし再定住地への移住後には貨幣・商品経済で動く社会のなかで、インフォーマル・セクターなどの不定期の賃労働者として働いて現金収入を得ました。他方で、数年して山麓の植生が回復してきたピナトゥボ山に時々戻って焼畑を開き、イモ類を植えてイザという時（失職して収入が途絶えた時など）のためのセーフティー・ネットとしました。そんな彼らの噴火による大変化は、人間の進歩や幸せを考えるうえで貴重な参考となるでしょう。過去一〇〇年ほどのあいだ、とりわけ噴火以降の三〇年の彼らの歩みは、ヒトの社会文化変容の歴史を凝縮しています。ヒトの祖先は一万年ほど前から狩猟採集から農耕へと生活と社会の大変化を少しづつ進め、二五〇年ほど前には産業革命による工業化が起きて賃労働者となってゆきました。その過程をアエタは農業では一〇〇年ほど、賃労働者としては二〇～三〇年で追体験していったのです。

文化人類学の志とフィールドワーク

私をはじめ本書の教員参加者のディシプリン（専門）は文化人類学です。聞き慣れないかもしれません。簡単に説明すれば、この地球上で異なる言語・文化を生きる人達の「違い」と「同じ」について研究します。その名称からして気宇壮大か大言壮語の印象を与えるかもしれません。文化というと個別の民族やエスニックグループが受け継ぐ固有の生活様式や宗教・世界観に着目しますし、人類というとヒトとしての共通性を重視します。言葉を変えれば、人間または人類の共通性・同一性と、個別の言語・文化集団ごとの差異の両方を複眼的に見極めながら、人間とは何か人類とは何かについて考え明らかにしようとします。その特徴的な方法は、図書館や書斎で本や資料などの書かれたもの（文字テクスト）を読むのではなく、人々の実際の暮らしの場のなかに身を置き、生身の人間を相手にした日々の付き合いのなかでいろいろ教えてもらい学んでゆきます。

そうした研究を行うためには現地・現場での滞在調査が不可欠です。それをフィールドワーク（または臨地調査）と呼び、それを支えるのは（一）長期の生活、（二）言葉の習得、（三）参与観察という三つの柱です。長期とは一年以上を含意しており、それは現地の言葉を習得し、通訳なしで直接に尋ね、教えてもらい、語り合い、理解するためです。また地球が太陽のまわりを一年かけて公転しているため、どこの国や地域でも人々の暮らしは一年を単位として成り立っています。夏休みだけ日本に来てお盆の行事を見たり旅行で地方を回ったとしても、四季の移り変わりのなかでの日本人の暮らしのぜんたいを理解することはできません。

そして参与観察というのは、彼らの生活の様々な活動に自らも参加（農業を手伝ったり、儀礼に参加したり、一緒に仕事や食事をしたり）して、彼らの肩越しに同じ位置（低さ）の視点から彼らの生きる世界を内在的に理解しようとする企てです。そのような長期の滞在調査で得られた理解を民族誌（エスノグラフィー）と呼ばれる報告書で描き出します。つまり文化人類学の研究とは、長期のフィールドワークによって得た理解にもとづき、その社会の全体像を描く民族誌を書く作業と言うことができます。

その意味では、皆さんが留学先で生活したこと、見たこと、聞いたこと、いろんな人たちと語り合ったことは、まさしく人類学者のフィールドワークの第一歩や二歩三歩を踏み出したということです。教室で教えてもらう前に、すでに文化人類学を気づかぬままに始めてしまっているといえます。習うより慣れよです。暮らしてゆくため、生きてゆくための外国での日々の暮らしの苦労がそのままフィールドワーク入門であり、おのずとその試行錯誤となっています。人類学者として大事なのは、そうした見聞をできたら毎日フィールド・ノートに書きとめ、リアルタイムで書けなければ、毎夜の日記として書き記すことです。さらに帰国して落ち着いてから記憶を頼りに思い起こし、それらの見聞と体験を言葉にして確かな像を描き出すことです。それはまさしく皆さんが本書の試みとして取り組んでくれたことです。

個別から全体へ

さて、これから先のことです。皆さん個々人は個別の体験を反芻し、報告してくれました。お互いの報告を読めば、一人ひとりが、それぞれの国の違った場所で、かけがえのない経験をされたことがよく分かります。そして帰国をすることやしないことの決断、または自分で決めることを許されずに一方的に帰国を迫られたことなど、いっぽうでは自分の主体性や自律・自立性を求められ、他方では自分ではどうしようもできないような大学の都合や国家の強制力というものを身にしみて実感されたと思います。外国＝異文化での生活経験をとおした迂回する眼差しで、あらためて日本を考える機会となったとも思います。海外留学に出かけて、行って戻ってきた旅の経験、そこから得た新たな知見や考えをさらに深め発展させてゆくことを期待しています。各自の見聞や得られた知見が自身の経験と深く結びついているからこそ、そのことの強みとある意味での制約に自覚的であってほしいなとも願っています。

それに関連して私が京都大学東南アジア研究所にいたとき、設立五〇周年の記念冊子に書いたエッセー（清水 二〇一五）を紹介させてください。同研究所は文理の学際的な共同研究が特徴であり強みとなっています。学際研究というのは、文理の異なるディシプリンの専門家が狭い守備範囲を超えて真摯に議論し力を合わせて進めてゆく知的協力ゲームです。特定の喫緊・重要課題に関して、異なるディシプリンの研究者が、それぞれのアプローチ、得意技で調査・研究に携わり、そこで得られた理解や見解を皆で共有し、批判的に検討し、建設的に総合してゆこうとする志と実践が学際研究です。

具体的には、「群盲、ゾウをなでる（評す）」の寓話が分かりやすいかもしれません。幾人かの盲人が、それぞれゾウの鼻や耳や牙や足や尾や胴など、体の一部分だけを触り、その具体的な手触りにもとづく像の姿をあれこれ言いあう。もちろん触った部位により各人によってゾウの姿形はまったく異なって想像され、それぞれ自分が正しいと主張し続ける限りは対立が深まるだけです。しかし何らかの理由でそれが同じ巨大な動物の体の一部分であることに気づくと、対立は解消し、各自の断片的な情報を総合して、正しいゾウの姿形を描き出す試みが始まります。

学際研究に必要なのは、この寓話の盲人たちのように、第一に自身の手で対象をしっかりと把握すること、そして第二には自身の得た情報だけで結論を急がず、同じ対象（の一側面）に触れている別の人間の理解と説明に謙虚に耳を傾けることです。大事なのは、自己に対する謙虚（自身の見聞や経験、研究では現実の総体をそのままに認識把握できないという限界の自覚）と、共同研究者に対する敬意（自身の知らない世界を明らかにしてくれる期待）です。

未来を再想像＝創造してゆくために

今という時代について、グローバル化とデジタル化・ＩＴ化の急進行、地球環境危機の深刻化、その他、さまざまな問題と危機が指摘され対処法が論じられています。そうしたなかで私が感じるのは、日本人と日本社会が世界の成り立ち方（政治・経済面、社会・文化面）に地殻変動が起こっているという危機感が乏しいことです。

私は、一九七六年に初めての外国としてフィリピンに留学してから四五年ほどフィリピン研究を続けています。その間のフィリピンと日本の様変わりを痛感しています。かつて米ソの東西冷戦が続いていた時代つまり一九九一年にソ連邦が崩壊する頃まで、日本はアジアの優等生でフィリピンは劣等生や病人と言われていました。国民国家の建設と経済発展に大成功した日本と、失敗し続けたフィリピン。けれども冷戦が終わったあたりから、フィリピンは安定した経済成長（過去一〇年は年率五～六％）を続けてきています。バブル景気の破裂以降の日本と好対照です。

フィリピンにかぎらず、タイもインドネシアもマレーシアも経済発展し、首都の高級デパートやモールは、従前の少数のお金持ちに加えて近年拡大してきた中産階層の顧客を相手に日本よりもずっと華やかです。もちろん、まだ貧富の階層分化や都市と地方の格差は残っています。けれども現地にゆけば、それらを埋めてゆくだろう経済のダイナミックな動きを感じます。私だけでなく皆さんも留学先で肌で感じられたでしょう。

コロナ禍のことだけでなく、そんなことまで合わせて情報を交換し、共有し、確かに自分の目で見て耳で聞き、手で触り、撫で、掴んだ現地のリアリティから、日本、アジア、そして世界の未来を考えて動き始めてもらえたらな、と願っています。まず旅に出て、そして戻ってきてから、新たな人生が始まります。みんな自己流だけど既に人類学者のフィールドワークに似た濃密な現地生活を送ったのですから。

私自身が大学院生の時にカキリガン村で二〇ヶ月暮らした際に見聞したり、巻き込まれたりした様々な出来事の報告と分析を博士論文にまとめ、さらに一冊の民族誌として出版しました。タイトルは『出来事の民族誌』(二〇一九［一九九〇］)です。コロナ禍という出来事に直面し巻き込まれながら皆さんが見聞し経験したことは、まさに意図しないままある種のフィールドワークになっています。ですから本書に寄稿されたエッセーで示してくれた感性や洞察、思索をさらに深め広げていってくれることを願っています。

「百聞は一見に如かず」です。異郷に赴き、無事に戻ってこられたことで半分は成功です。残りの半分はこれからの人生の歩み方にかかっています。留学体験を自身の言葉で豊かに語りなおしてゆくことが、皆さんの良き人生を支え、導いてくれるだろうことを信じています。

参考文献

清水展 二〇二一［二〇〇三］『噴火のこだま——ピナトゥボ・アエタの被災と新生をめぐる文化・開発・NGO』［新装改訂版］、九州大学出版会。
清水展 二〇一五「東南アジア研究所の過去、現在、そして未来へ」『二一世紀の東南アジア研究——地球社会への発信』京都大学東南アジア研究所。
清水展 二〇二二「危機を生き延びる——ルソン先住民アエタの柔軟適応力とピナトゥボ噴火後の創造的復興」山極壽一他編著『レジリエンスの人類史』京都大学学術出版会。

［編者解説］学生とともに、書く
――自己流人類学宣言

この本が書かれた経緯

新型コロナウイルス感染症の流行に対して、日本政府がはじめて緊急事態宣言を発令した二〇二〇年四月に、本書の編者である北野真帆さんから以下の相談をうけた。

「新型コロナウイルスの世界的流行という未曾有の事態によって留学やフィールドワークに影響を受けた学生は自分ひとりではないはずです。その人たちはどう考え、行動していたのか知りたいです。私は最終的に帰国という選択をしましたが、その選択が妥当だったか知りたいです。それに、この正解が見えない未曾有の状況下での留学からの撤退経験をまとめておくことは、今後の学生たちの参考になると思います」

大学教員としてゼミ生のフィールドワークや留学の支援もおこなう以上、危機管理の観点から学生による行動の「正しさ」を検証・評価することは重要である。だが、二〇二〇年度に留学をしていた学生たちは、多くの人が先を見通せなかった新型コロナウイルス感染症の流行初期に、留学先という異郷の地でさまざまな関係者と交渉しながら安全確保や帰国／滞在の判断を実践しなければならなかった。その際に「正しく」行動すべき手引もなく情報も限られていた。頼りたい両親も親戚も近くにはおらず、友人も限られていた。得体の知れない怪物を前にして驚き怯え、不安を抱えながらも彼女らは必死に考え悩み対処した。知力と気力、体力を総動員して危機に立ち向かった学生たちの経験からは、逆に私たちの方こそ学ぶべきことが多々ある。感染症のパンデミックに限らず、近い将来に予想される東海沖や中南海沖の大地震をはじめとする確実に訪れる危機を前にして、先が見通せない不確実で不安定な状況のなかでの個々人の振る舞いが即興的でかつ協力的に秩序を創りあげてゆく方法について学ぶことができる。また、ひとつのウイルスが人間社会に拡大する過程で引き起こされた未曾有の状況の一端を内側から記録する手法は、文化人類学が得意としてきた異文化における参与観察に通ずる部分がある。そう考えた私は、北野さんらによる「コロナ禍における留学体験記」企画に喜んで巻きこまれることにした。

そこで私は、大学でのフィールドワークにおける安全管理に関する調査をおこなってきた飯嶋秀治さん（九州大学）に相談をした。飯嶋さんは、このとき実施していた科学研究費補助金（基盤研究A「応答の人類学：フィールド、ホーム、エデュケーションにおける学理と技法の探求（課題番号：一六H〇一九六八、研究代表者：清水展）」のスピンオフ企画として、本書を位置づけるように助言してくれた。また、そのことを研究代表者の清水展さん（関西大学）や、メンバーの小國和子さん（日本福祉大学）や関根久雄さん（筑波大学）にも賛同していただいた。また、新型コロナウイルス感染症に関する医療人類学的研究に精力的に取り組んでいる西真如さん（広島大学）にもアドバイスを求め、本書第Ⅱ部の座談会を担当した飯田玲子さん（金沢大学）をご紹介いただいた。

そして、二〇二一年四月二四日に上記メンバーと学生たちによる遠隔の研究会を実施した。北野さんの働きかけによって、この時点で学生による体験記の草稿は揃っていた。「はじめに」で詳述されているように、呼びかけは全員に行われたのだが、呼びかけ人が女性だったことがあったのか、結果的に原稿を寄稿するまでに至った一一名は女性だった。彼女たちは、「その時」の自分の判断や行動がどの程度妥当だったのかということもさることながら、それが今後の人生にいかなる意味をもちうるのかについて考えるために体験記を執筆したという。学生と文化人類学者の所属はバラバラで、私と北野さんや椋下さんをのぞけば、教師と学生という直接的な指導の関係にはない。しかも、その殆どは、そもそも文化人類学を専攻しているわけでもない。たしかに文章にはところどころレトリックとして未熟な部分もある。もとより、文化人類学業界における知識の流通や再生産を目的として書かれたものでも無い。だが、それを年長の、プロの人類学者が批判し、指導するといったことは起こらなかった。新型コロナウイルス感染症のパンデミックは、老若男女の別なく誰もが初めて経験することであったから、教師も学生と同じように状況への新参者であった。そのことが新型コロナウイルス感染症の流行が大学教育に与えた影響について、立場や視点を異にする当事者同士として話し合い、協力しながら新たな理解を得ることを可能にした。たとえば、以前と異なり、私的な権利の保護・促進を目指すようになった新しい社会運動を概念化しようとしたアラン・トゥレーヌ（二〇一一）は、社会運動家たちをゼミナールに招いて、「自分たちが直面している不可視の問題は何なのか」を言語化する場にしていたという。本書の執筆や編集を媒介にした学生と文化人類学者らによる対話の場は、グローバルな現代社会のなかで小さな秩序を創り出そうとする実践や「書くこと」すなわち民族誌的（エスノグラフィック）な実践の可能性について反省的に考え、言語化する機会になった。

学生の体験記は、二〇二〇年に留学を終えて帰国した直後に書かれていた。そこには新型コロナウイルス感染症の流行で留学や大学生活が掻き乱された「その当時」の意識や感情が生々しく記されている。その生々しい迫力を活かすために、帰国後一年経過した段階の認識でもって当時の草稿を上書き修正することは極力しないように取り決めた。その上で、二〇二一年八月一二日に、飯田さんと小國さんによるファシリテーションのもとで、「その時」の体験を今の自分が振り返ることを目的とした座談会を遠隔で実施した。本書の第Ⅱ部では、その内容をまとめている。さらに第Ⅲ部において、飯嶋さん、関根さんと私が、学生を留学やフィールドワークに送り出したり指導する当事者としての立場から寄稿した。また、飯田さんと小國さんや清水さんはコラムやあとがきを寄稿してくださった。そこに通底するのは、新型コロナウイルス感染症が近代社会に与えたインパクトや、不確実で不安定な状況のなかで生き方を創出するわざ、そして文化人類学の主要な方法論である民族誌の新たな可能性に関する気づきである。

留学とフィールドワーク

文化人類学の主要な方法論であるフィールドワークと留学には旅という共通点がある。旅にともなう、日常とは異なる時間や場所における新たな出会いや知識の獲得には、かけがえのない価値がある。やがて旅は終わり、ホームでの新たな日常に回帰する。私自身も二〇年以上前に、「旅を終えた時の私は、いまの私とは異なるのだろう」と想像しながら、はじめてのフィールドワークに出発したことを覚えている。また、フィールドワーカーや留学生にとって、旅の成就は人生設計やキャリアディベロップメントに大きく関わる。そこにはフィールドワークや留学という旅による「成長の物語」が内包されている。

私は大学教員としてここ数年、留学を希望するゼミの学生が奨学金を獲得するための申請書作成支援をおこなってきた。申請書作成とは、「留学がしたい」という漠然とした夢を、何について学ぶために、どこに行って、どの程度の期間、何をするのかという具体的なスケジュールに落とし込んでいく作業である。また、大学を一年休学することになる数ヶ月以上の留学となると、帰国後のキャリアについてもある程度考えておくことが望ましい。さらに受入先の機関や組織との交渉もおこなわなければならない。こうした地道で長く面倒な作業の末に晴れて留学が決まり、学生を送り出すとホッとする。留学中の無事を願いつつ、別の仕事にとりかかる。その学生が成長して戻ってくる日を想像しながら……。

こうした「成長の物語」は、近代に特有の時間感覚に根ざしている。私たちは、時間を一本の不可逆的な流れとして感覚していることが多い。そうすることで、私たちが生きる現在を、宇宙が始まった瞬間から宇宙が終わるまでの単線的で抽象的な時間の流れのなかに位置づけることができる（ベルクソン 一九九〇）。また、近代においては単線的な時間の流れが成長や進歩と強く結びつけられてきた（春日 二〇〇七）。換言すれば、個人や社会の「右肩上がりの進歩モデル」である。こうした時間モデルは、未来の予測も可能にする。それは成長し続ける社会や個人という神話である。フィールドワークや留学の文脈で想起される「成長の物語」もまた、そうした近代における神話の一種に他ならない。

だが、二〇二〇年二月七日に国際ウイルス分類委員会によってSARS-CoV-2と名付けられたウイルスは、これまでの単線的な時間感覚と結びついた成長の神話に根ざした社会のあり方をズラしている。それは大学での教育研究活動も例外ではない。二〇二〇年四月以降の大学では、新型コロナウイルス感染拡大リスクを抑えるために、学内で講義や実験等をおこなうことや、学外でフィールドワークや留学あるいは学外でのボランティア実践等をおこなうことが困難になった。それに対して、二〇二〇年まではほとんど実装されていなかった遠隔会議ソフトを使ったオンラインでの講義や留学が急速に普及するようになった。その後、フィールドワークや留学は、新型コロナウイルスの感染状況を注視しながら、状況や制度的に可能な場合には感染予防に十分注意しながら実施を検討するようになりつつある（二〇二一年一二月現在）。つまり大学の教育研究活動もまた、SARS-CoV-2というウイルスの活動によって激しく揺さぶられた結果、それまでの惰性ではない新たな実施の方途を模索しながら再編されてきている。

わからなさとつきあうチカラ

ここでSARS-CoV-2が次第に社会に浸透し、問題化しながらも、まだ名付けられてすらいなかった二〇一九年一〇月から二〇二〇年三月までの約半年間を振り返ってみたい。SARS-CoV-2のようなウイルス性疾患のパンデミックが発生するリスクは以前から想定されており、たとえば日本をはじめとするアジア各国の養鶏場では、高病原性鳥インフルエンザウイルスの監視と殺処分等の対策がおこなわれている（ケック 二〇一七）。また、二一世紀以降にSARS（重症急性呼吸器症候群）やMERS（中東呼吸器症候群）が発生していたことからもわかるように、パンデミックは「いつでも発生しうる」状態にあった。だが、それによって生活者としての私たちの目の前にどんな世界があらわれるのかについて予期できる者はほとんどいなかった。新型コロナウイルス感染症は、地域的な流行としてはじまり、次第に他の地域に拡大して猛威をふるい、ついには世界中に流行するに至った。二〇二一年一二月の時点では、新型コロナウイルス感染症のパンデミックは既知の事実である。だが、二〇一九年一〇月から二〇二〇年三月までの期間に注目すると、病気の原因、予防や治療の方法、感染拡大の規模・速度の予測、そしてそれが社会に与える影響等が、次第に明らかになる過程だった。本書の1章から11章を執筆した学生は、SARS-CoV-2の出現以前に留学を開始し、SARS-CoV-2の出現と流行によって留学の中断や計画の見直しを余儀なくされた。そしてその期間、すなわち二〇一九年一〇月から二〇二〇年三月までに身の回りで起きたことや、自身の経験を力強く記述している。それは「新型コロナウイルスという外的要因によって留学の夢を断念せざるを得なかった」という困難や後悔についての記述ではない。

たしかに、学生が留学開始時に想起していた「成長の物語」は、新型コロナウイルス感染症の世界的流行によって打ち砕かれた。だがこのとき重要なことは、二〇一九年一〇月から二〇二〇年三月までの時期には、所属している大学、奨学金を出資する公的機関、留学先の大学や組織、留学先のホストファミリーや友人そして日本の保護者や友人の誰もが、SARS-CoV-2ウイルスの性質や影響についての公式の、共有された見解を有していなかったという点である。それは、この時期に留学していた学生たちは、（当時の私たちと同様に）確信をもって頼ることができる制度や情報が極端に少ない状況におかれていたことを意味する。それゆえ学生たちは、それぞれが滞在する異郷で、自分が知りうる知識、頼りうる人脈、そして自分自身の機転や判断をもとに、まずは今いる場所での安全を確保したうえで、さまざまな組織や個人とやりとりしながら留学の中断や継続を判断し、実行していた。本書では、以前であれば明確に依拠できた情報や制度が揺らぐなかでの安全な留学の遂行をめぐる、学生による試行錯誤の過程をポジティブに評価し、そこから学びを得ることを目的としている。学生たちはできる限り多くの情報を集めて正しい情勢判断をし、自分にとって最適最善と思われる選択をして実際に行動していた。当然、不安やストレスを伴っていただろうが、状況の渦中にあってそうした判断と決断をしていったこと自体には大きな意味があったに違いない。なぜなら判断と選択をすることは、合理的な思考をする自律的（自立的でもある）な責任主体として自分自身を立ち上げてゆくことになるからである。

新型コロナウイルス感染症が発見され、パンデミックになっていく過程では、各国政府はいわゆるロックダウンなどの強力な措置を実施し始めた。ある日、ある時から急に国境を通過できなくなる。学生たちが留学していたのは、そうした事態が現実化し始めた時期である。また、我が国の公的機関や大学も、留学生の安全をまもるための強い要請をはじめていた。パンデミックは、ウイルスの国境を越える動きやそれによる影響を十分に管理できないという意味で国家の弱体化の結果であると同時に、パンデミックに抗するために国家が人びとの生活に対して強い強制力をともなう措置をおこなうことが許されるという意味で国家の強化をもたらした。文化人類学者のジェームズ・スコット（二〇一七：ix）は、単なる国家の不在や統治への抵抗という意味に留まっていた従来のアナキズム概念を批判し、人びとが国家、市場、社会、科学技術や知識、物理的・生態学的環境等にかかわる諸アクターとのやりとりを通じて、ヴァナキュラーな秩序を生みだす様を「実践としてのアナキズム」として評価した。「実践としてのアナキズム」とは、こうした国家による支配と管理の力に抵抗したり、うまくやり過ごすための「市井の人々の日常的な行動や不服従、面従腹背、相互性と協調・協力などのさりげない実践の総称（清水 二〇一七：一八四）」のことである。

学生たちの記述には、それぞれの滞在国、出身国そして時には経由国および留学に関係する諸機関がそれぞれ強い措置をとりつつあるなかで安全を確保するために、さまざまな配慮や働きかけをおこなった過程が示されている。その意味で、本書における学生の行動は、不確実で不安定な状況における実践としてのアナキズムの可能性を示唆しているのかもしれない。したがって本書は、大学の責任下で実施する留学やフィールドワークにおける安全管理（たとえば澤柿他編 二〇二〇）も射程に入れているが、普遍的な公式正解を導出することよりも、異郷の地で想定外の危機的状況におかれた学生が、さまざまな手段を駆使して安全を確保しようとする能力をポジティブに理解することを重視している。近年では危機的な状況に柔軟に対応対処してゆく力としてレジリエンスが注目されている。レジリエンスには、コミュニティの成員が協力ゲームによって作り出すものと、個々人が心理学的に作り出すものがある。本書で自身の経験を共有してくれた学生たちは、まさに「オン・ザ・ジョブ・トレーニング（On the Job Training: OJT）」として、留学先の現場でレジリエンス力の強化と発揮をされたとも言える（山極他 二〇二二）。

ただし大筋としてはそう言えても、細かく見てゆくと幾つかの注意や但し書きが必要となる。個人のキャリアデザインに目を向けてみると、学生たちが留学やフィールドワークの開始時に描いていた単線的な成長の物語は、SARS-CoV-2が拡散する過程で中断した。文化人類学者のヴィクター・ターナー（二〇二〇）は、「こういう場合にはこうするものだ」や「今日こうすれば、明日はきっとこうなる」といった日常生活を構成する秩序や信念が宙づりになる状況を、ラテン語の*limen*（敷居）にちなんでリミナリティ（境界性）として概念化した。ターナーは、敷居をまたぐ瞬間のような家の外でも内でもないような曖昧で両義的な時空間を経験することこそが、社会や個人の新たな秩序やアイデンティティを生みだす源泉であるという。学生たちは、出発時は自明だった「成長の物語」が実現されないままに帰国したり、帰国後もコロナ禍のなかで新たなキャリアを模索せざるを得ない状況におかれていた。だが学生たちは、不確実で不安定な状況における留学経験から学ぶことができることをフラットに理解しようとしていた。リミナリティ概念は、ある国で普通の暮らしをしてきた人が他国で難民になることによって、以前は自明だった秩序や未来像の再編を余儀なくされる状況を分析する際にも用いられる（たとえば久保 二〇一四）。学生も、留学やフィールドワーク中に発生した想定外の事態によって、いま・ここと将来の生き方が大きく揺さぶられたという点は共通している。本書は、留学やフィールドワーク中に困難な事態に直面した学生が、その時にアクセス可能な人・モノ・情報をもとに自分なりのやり方で生き方やアイデンティティを再編するわざについての即興的なオートエスノグラフィの連なりによる比較民族誌としても読める。職人芸などのわざの多くは、要素を抽出してマニュアル化することは困難かもしれないが、その時その場での一回性のうごきや想いを見て学ぶことはできる。

ただし、学生の「主体的な実践」に対しては、批判的な意見があるかもしれない。留学生の主体性は、平時には発揮されることが望ましいとされる。だが緊急事態には、所属する大学や奨学金を提供する公的機関の指示に従うことが当然で、従わない場合には〈自己責任〉として保護や救済にしない、あるいは処罰の対象とするべきだという意見もあるだろう。だが、医療人類学者のアネマリー・モルは、患者が治療をうける際に重要なことは、消費者的な選好と自己責任にもとづく「選択のロジック」

ではなく、治療のプロセスに悩み、症状をみて、医療者や周囲の人間と話しあいながら、可能なやり方を模索する「ケアのロジック」であると主張している（モル 二〇二〇）。学生は、決して自分だけの判断で行動していたわけではない。だからといって大学や公的機関の言いなりだったわけでもない。大学や公的機関のスタッフをはじめとするさまざまな関係者に配慮し、連絡を取り合いながら、手探りで協働的に安全確保を実現しようとしていたことを強調しておく。学生がなぜ選択を迫られたのか、あるいはその選択がある基準に照らした場合に妥当かどうかという点よりも、彼女たちが周囲との関係性をどう調整しながら変化する局面を乗り越えようとしてきたかに目を向けてほしい。

自己流人類学宣言

本書の執筆者である学生たち一〇名のうち、八名が学部生、二名が修士課程の大学院生だった（当時）。また、学んでいる分野も多岐にわたっており、文化人類学を専攻している学生はわずか二名である。このことは、学生のほとんどが、文化人類学的な民族誌記述をおこなうための専門的な訓練を受けていないか、完了していないことを意味する。また本書には、五名の文化人類学者も執筆している。本書における学生と文化人類学者の関係は、「プロの文化人類学者が、素人の経験談を聞き取って、民族誌にまとめる」というものでも、「大学教員としての文化人類学者が、民族誌記述の素人を指導する」というものでもない。文化人類学者たちもまた、大学における留学やフィールドワークに関わる当事者としての立場から寄稿している。そうすることで、SARS-CoV-2が次第に社会問題化しつつあった二〇一九年一〇月から二〇二〇年三月までの不確実性と不安定性が高かった約半年間の、大学での留学やフィールドワークの安全管理をめぐる諸側面を多面的に捉えることを狙っている。

二〇世紀初頭のマリノフスキー（二〇一〇）による参与観察の発明以降、文化人類学的なフィールドワークは異文化を記述して解釈する専門家としての文化人類学者に独占されてきた。だが、ジェイムズ・クリフォードとジョージ・マーカス（一九九六）は、知的な権威としての文化人類学者だけが、異文化の「客観的事実」を書くことができるという虚構を痛烈に批判した。それに対する応答として、フィールドワークを通じて観察者自身の視点やポジショナリティが定まったり変化する過程を意識し、それを民族誌に織り込むオートエスノグラフィ（Reed-Danahay 1997）が登場した。本書は、新型コロナウイルス感染症の流行にさまざまな形で巻きこまれた学生と大学教員によるオートエスノグラフィを束ねたものである。

さらに、ヒト・モノ・情報が地域や国境を越えて移動することが常態化しているグローバルな状況における複数の現場の関連性やつながりに注目することで、文化が翻訳、再編される動態を描くマルチサイテッド・エスノグラフィ（Marcus 1995）も登場した。もはや文化が翻訳、再編される現場には、熱帯雨林やサバンナといった「未開の地」だけではなく、多国籍の研究者たちからなる実験室やグローバル企業あるいは戦場や病院等も含まれる。本書を通じて、新型コロナウイルス感染症の流行初期に、世界各地の邦人留学生がそれぞれの場所で「安全」をもとめて試行錯誤したプロセスを網羅的に知ることができる。また、大学教育の一環である以上、現場には学生の留学先だけでなく、送り出す大学も含まれる。12～14章は留学生を送り出す大学教員の視点で書かれている。本書は全体として、新型コロナウイルス感染症の流行初期における「感染症と大学教育（留学）」に関するマルチサイテッド・エスノグラフィでもある。

さらに文化の翻訳や再編に関わる現場の参加者がもつさまざまな視点やポジショナリティのすり合わせ過程を、文化人類学者ひとりの視点ではなく、参加者同士の協働作業のなかから浮かび上がらせる手法がパラエスノグラフィ（Marcus 2000）である。パラエスノグラフィ（para-ethnography）のパラには、パラメディック（救急救命士）やパラリーガル（法律事務員）のように、「補助的な」という意味がある。パラエスノグラフィは、民族誌記述の専門家以外の書き手を含んだ補助的な民族誌記述の場を意味する。Marcus（2000: 7）は、パラエスノグラフィの記述がおこなわれるやりとりの現場（パラ・サイト）は、「過剰な空間」であり「いつもと違うことが起こりうるオルタナティブな場所」であると定義している。とりわけ官僚主義的な制度に関わる人びとを巻きこんだパラエスノグラフィ実践の場は、当事者が思いもよらない創造的なやりとりを促進する可能性があるという。

本書を企画・編集する過程では、新型コロナウイルス感染症の流行によって大学教育が揺さぶられたことを契機に集まった複数の大学の学生と教員という立場を異にする当事者同士が、二〇一九年一〇月から二〇二〇年三月までの限られた期間における留学の経験についての記述やその意味についての考察を積みあげていった。学生と文化人類学者は、「聞き取りによる情報収集」でも「研究指導」でもない協働的な関係性のなかで本書を編んでいった。それはまさに、いつもと違うことが起こったオルタナティブな場所であり、過剰な空間としての性質を備えた現場（パラ‐サイト）であった。教育社会学者の徳永ら（二〇二〇）は、新型コロナウイルス感染症の流行初期に、移民の若者が教育においてどのような困難を抱え、いかに乗り越えようとしているのかを、若者参加型アクションリサーチの手法を用いて明らかにした。若者参加型アクションリサーチとは、若者を共同研究者として捉え、「研究のすべてのプロセスにおいて対等な立場で関わり、共に知識を生み出し、その知識を活かし状況改善や社会変革につなげていくアプローチ（一）」である。本書の編集過程における文化人類学者と学生の関係は期せずして、若者参加型アクションリサーチとも類似性が高いものになっている。このように本書は、文化人類学者以外のさまざまな書き手とのやりとりのなかから、グローバルな状況のなかで新たな秩序を生みだそうとする個別具体的な実践に関する理解を通じて、自分の経験をポジティヴに価値づけなおしたり、留学支援のあり方に一石を投じることを狙ったパラエスノグラフィ的な実践である。

文化人類学の専門的教育を受けた人材の就職先は、開発援助や人道支援、医療・福祉、そしてビジネスの領域に拡がりつつあるが、日本においてはいまだに大学が中心である。こうした状況のなかで、文化人類学者だけが文化についての客観的な事実を書く特権的な立場にあるという虚構を捨て、さまざまな「みんな」という意味での公共的な利害に関わる人類学的な研究や実践を志向するのであれば、協働のなかまは身近に存在する。学生は必ずしも教務という研究時間の阻害要因ではなく、単なる啓蒙の対象でもなく、大学教育という制度についてともに考え、行動する上での協働相手である。そして何より、現在そして未来の常民、すなわち公共的なものをつくるアクターに他ならない。

最後に、本書を構想した北野さんをはじめとする学生さんたちの問題意識と筆力、そして勇気に敬意を表します。ともすれば挫折や失敗として記憶されかねない経験を、新型コロナウイルス感染症がグローバルに流行するなかでの留学や教育のあり方についての問題意識に昇華できたこと。それを平易な語り口だが、先が見通しにくい状況での留学におけるリスクマネジメントに関するシャープなオートエスノグラフィーとして描ききったこと。そして批判を恐れながらも、その経験を公開しようと思い立ったこと。みなさんひとりひとりが、素晴らしいエスノグラファーだと思います。

そして何より、この変わった企画案に耳を傾け、時間をとってくださった昭和堂の松井久見子さんや神戸真理子さんには最大限の感謝を申し上げたい。とりわけ企画の初期段階における松井さんのアドバイスがなければ、私は学生たちと向き合うことができなかったかもしれません。また、神戸さんには、書名や装丁を決める要所で、学生の意見に耳を傾けていただきました。おかげで、北野さんと一緒にイタリアに行っていた安部遥夏さんに装丁、部扉のイラストを提供してもらえました。私自身は恥ずかしながら大学を卒業した二〇数年前から執筆が遅く、悪文なところはあまり変わっておりませんが、若いエスノグラファーたちはもっとマシなようです。

内藤直樹

本書の出版は、科学研究費補助金　基盤研究（A）「応答の人類学：フィールド、ホーム、エデュケーションにおける学理と技法の探求（一六H一九六八研究代表者：清水展）」、科学研究費補助金基盤研究（B）「アジア・アフリカのメガキャンプにおける難民の経済活動に関する総合的比較研究（一九H〇一三九一研究代表者：内藤直樹）」、科学研究費補助金基盤研究（B）「ソージャルデザインの人類学的研究：生活・地域・人をどう生みだすか（二一H〇〇六四一研究代表者：木村周平）」、徳島大学総合科学部第一一回総合科学優秀賞の支援によっておこなわれた。

引用文献

春日直樹 二〇〇七『「遅れ」の思考——ポスト近代を生きる』東京大学出版会。

久保忠行 二〇一四『難民の人類学——タイ・ビルマ国境のカレンニー難民の移動と定住』清水弘文堂書房。

クリフォード、ジェイムズ／マーカス、ジョージ 一九九六『文化を書く』（文化人類学叢書）、春日直樹他訳、紀伊国屋書店。

ケック、フレデリック 二〇一七『流感世界——パンデミックは神話か？』（叢書人類学の転回）、小林徹訳、水声社。

澤柿教伸・野中健一・椎野若菜編 二〇二〇『フィールドワークの安全対策』（FENICS 一〇〇万人のフィールドワーカーシリーズ9）、古今書院。

清水展 二〇一七「訳者あとがき・解題」スコット『実践　日々のアナキズム』岩波書店。

スコット、ジェームズ・C 二〇一七『実践　日々のアナキズム——世界に抗う土着の秩序の作り方』清水展他訳、岩波書店。

ターナー、ヴィクター・W 二〇二〇『儀礼の過程』（ちくま学芸文庫）、冨倉光雄訳、筑摩書房。

トゥレーヌ、アラン 二〇一一『声とまなざし［新装］——社会運動の社会学』梶田孝道訳、新泉社。

徳永智子・海老原周子・渡邊慎也・Joshi Ratala Dinesh Prasad 二〇二〇「コロナ禍において移民生徒の学びを再構築」『新型コロナウイルス緊急対策のための大学「知」活用プログラム　成果報告書』筑波大学研究戦略イニシアティブ推進機構［https://www.osi.tsukuba.ac.jp/osi/wp-content/themes/osi/pdf/covid19-progressreport-tokunaga.pdf］

ベルクソン、ヘンリ 二〇〇一『時間と自由』中村文郎訳、岩波書店。

マリノフスキー、ブロニスワフ 二〇一〇『西太平洋の遠洋航海者』講談社学術文庫、講談社。

モル、アネマリー 二〇二〇『ケアのロジック——選択は患者のためになるか』田口陽子他訳、水声社。

山極寿一・稲村哲也・阿部健一・清水展編 二〇二二『レジリエンス人類史』京都大学学術出版会。

Marcus, G. E. 1995. Ethnography in/of the world system: The emergence of multi-sited ethnography. *Annual Review of Anthropology*, 24, 95-117.

Marcus, George 2000. *Para-Sites: A Casebook against Cynical Reason*, Chicago: University of Chicago Press.

Reed-Danahay, D. 1997. Leaving home: Schooling stories and the ethnography of autoethnography in rural France. In D. Reed-Danahay (Ed.), *Auto/ethnography: Rewriting the self and the social* (pp. 123-144). Oxford, UK: Berg.

＊内藤直樹（ないとう・なおき）……………………………13章、編者解説

1．徳島大学大学院社会産業理工学研究部准教授。博士（地域研究）。

2．ケニアでの長期調査には牡蠣の燻製の缶詰を3つ持参していた。御飯を炊くときに混ぜると、牡蠣御飯のできあがり。汗や涙がかくし味。

3．『社会的包摂／排除の人類学――難民・開発・福祉』（共編、昭和堂、2014）。

飯嶋秀治（いいじま・しゅうじ）……………………………………………14章

1. 九州大学人間環境学研究院准教授。博士（人間環境学）。

2. オーストラリアで誰もが衝撃を受けるのはVEGEMITEというペーストでしょう。またフィールドでは夜に撃たれたカンガルーが朝に運ばれてきました。

3. 『フィールドワークの安全対策』（共著、古今書院、2020）。

関根久雄（せきね・ひさお）………………………………………………15章

1. 筑波大学人文社会系長、教授。博士（文学）。

2. ソロモン諸島滞在時の、ココナツ・ミルクで炊いたご飯にインスタントラーメンをかけ、その上にツナ缶詰の中身を乗せた食事が贅沢すぎて忘れられない。

3. 『持続可能な開発における〈文化〉の居場所――「誰一人取り残さない開発」への応答』（編著、春風社、2021）。

清水　展（しみず・ひろむ）……………………………………………おわりに

1. 関西大学政策創造学部学部客員教授、博士（社会学）。

2. よく食べたのはフィリピンで人気のパンシット（柔らか焼きそば）。いちばんのご馳走は豚の丸焼き。びっくりしたのは豚の内臓を血で煮込んだスープ。

3. 『草の根グローバリゼーション――世界遺産棚田村の文化実践と生活戦略』（単著、京都大学学術出版会、2013）。

＊北野真帆（きたの・まほ）……………はじめに、10章・ケニア・イタリア

1. 徳島大学総合科学部。京都大学大学院アジア・アフリカ地域研究研究科に進学予定。

2. 留学中によく作っていたごはんは、イタリア滞在中に覚えたパスタ。安いトマトをベースに、手早く、具材を変えるだけで毎日楽しくおいしく作ることができる、一人暮らしの友でした。

濱岡　桜（はまおか・さくら）……………………………11章・スウェーデン

1. 九州大学人文科学府。進路は未定。

2. キッチンが共有だったので、毎日のように友人たちと一緒にご飯を食べたり作ったりしました。疲れた日は冷凍のピザ、お酒を飲むときはワカモレとナチョス、誰かの誕生日にはキャロットケーキを焼くのが定番でした。

第Ⅱ・Ⅲ部執筆者紹介（執筆順、＊は編者）

1. 所属、学位　2. 留学メシ　3. 主な著作

飯田玲子（いいだ・れいこ）………………………………………………12章

1. 金沢大学国際基幹教育院講師。博士（地域研究）。

2. 「ポハ」と呼ばれるインドの軽食。干米を水で戻し、スパイスと一緒に炒め、最後にライムとすりおろしココナッツを添える。手軽で美味しい思い出の味。

3. 『現代インドにおける大衆芸能と都市文化――タマーシャーの踊り子による模倣と欲望の上演』（単著、ナカニシヤ出版、2020年）。

小國和子（おぐに・かずこ）………………………………………………12章

1. 日本福祉大学国際福祉開発学部教授。博士（学術）。

2. インドネシアの学生街は惣菜屋台が豊富で、女性30名が暮らす下宿から毎日誰かのご飯調達にくっついて行き真似て注文するのが日々の楽しみだった。

3. 『職場・学校で活かす現場グラフィー――ダイバーシティ時代の可能性をひらくために』（共著、明石書店、2021）。

椋下すみれ（むくした・すみれ）…………………………5章・フィジー共和国

1. 徳島大学総合科学部。卒業後は、民間企業に就職。

2. よく作ったのは、シーチキン（缶詰）と醤油とお米の炊き込みご飯。人生初自炊で、寮仲間に教えてもらった。味の濃い食べ物に飢えていたため、炊き込みご飯はまさにスタミナ料理だった。3kg痩せて日本に帰った。

田中志歩（たなか・しほ）………………………………6章・バングラデシュ

1. 広島大学国際協力研究科博士後期課程所属。

2. ロックダウン中、ジュートの葉っぱのお浸しをよく作りました。バングラデシュの葉物野菜は、バザールで雑草が混ざっている状態で売られてるので、料理するまでの下準備が大変ですが、色んな葉物野菜を毎日食べました。

高橋知里（たかはし・ちさと）……………………………………7章・アメリカ

1. 創価大学経済学部。卒業後は、民間企業に就職。

2. 留学先のカフェテリアで週に1度出るお寿司が美味しかった！　日本の定番であるサーモンやマグロの握りはほとんど人気がなく、反対に刺身やアボカドを酢飯で巻いた「寿司ロール」がアメリカ人学生の大好物のようです。

須藤ひかる（すどう・ひかる）………………………………………8章・キューバ

1. 創価大学文学部。民間の国際交流団体に就職予定。

2. 市場の野菜や芋類で気ままに料理。朝はパパイヤ・バナナ・グァバをオートミールにのせて食べるのがお気に入りでした！　一度お好み焼きとフレンチトーストを振舞いましたが神妙な面持ちで食べてくれました（笑）。

岩﨑真夕（いわさき・まゆ）……………………………………9章・マレーシア

1. 横浜市立大学国際総合科学部。2022年4月より通信社記者として勤務予定。

2. ペナン島の屋台で食べたカレーラクサ。現地のカレーペーストを取り寄せ、帰国後も手作りして家族に振る舞うほどの大好物。ピリッと辛くコクのあるスープは、ペナンの熱く湿った空気と賑やかな屋台を思い出させる。

第Ⅰ部執筆者紹介（執筆順、＊は編者）

1. 執筆時の所属、進路　2. 留学メシ

諏訪未来（すわ・みらい）……………………………………1章・スペイン

1. 横浜市立大学国際総合科学部。民間企業に就職予定。

2. ホストマザーの料理は全部好きだったがその中で選ぶ留学メシはパエリア。海鮮や鶏肉が入ったパエリアで週末によく食べていた。最初は食べきれなかった2人前ほどある量を帰国時には完食できた。

神村結花（かみむら・ゆうか）……………………………………2章・フランス

1. 横浜市立大学国際総合科学部。卒業後は、舞台芸術の制作・広報に携わっている。

2. 留学中、クスクスばかり食べていました。朝は「タブレ」というクスクスと生野菜を混ぜたフランスのスーパーでよく見かけるサラダ、昼はクスクスにラタトゥイユをかけて。現地の先生に教えてもらった思い出の味です。

佐田　栞（さた・しおり）…………………………………… 3章・クロアチア

1. 中央大学商学部。国内自動車メーカー関連会社に就職予定。

2. お世辞にもご飯が美味しい国ではなかったため、日本から持参した調味料で自炊の日々。ルームメイトと自室で開いたクリスマスパーティでは親子丼が人気だった。月に一度のアボカド醤油わさびが自分へのご褒美。

カーリー芽里咲（かありい・めりっさ）………………………… 4章・モンゴル

1. 創価大学法学部。岩城造船株式会社に就職予定。

2. モンゴルの伝統料理でもあるホーショールとボーズがとても好きでした。薄味で食べやすく、モンゴル人の友人と一緒に作ったり、留学生の友人と屋台で買って食べたり、思い出の詰まった特別な留学メシです。

コロナ禍を生きる大学生
——留学中のパンデミック経験を語り合う

2022年5月25日　初版第1刷発行

編者　北野真帆
　　　内藤直樹

発行者　杉田啓三

〒607-8494　京都市山科区日ノ岡堤谷町3-1
発行所　株式会社　昭和堂
振替口座　01060-5-9347
TEL (075) 502-7500 ／ FAX (075) 502-7501

印刷　亜細亜印刷
装丁　トラミーケ

ISBN978-4-8122-2125-9
＊乱丁・落丁本はお取り替えいたします。
Printed in Japan